STEFFEN + AUWA
SONNENWALD + THIEMANN

FISH 'N' FUN

KOCHEN+ANGELN

INHALT

Desserts 144

Angelreviere

Dieses Buch ist allen Fans von „Fish 'n Fun" gewidmet, die uns

seit 2006 die Treue halten und uns immer wieder aufs Neue ange-

spornt haben, eine unterhaltsame Sendung zu bieten. Wir möchten

an dieser Stelle von Herzen Danke sagen für all die netten Emails

und die positive Resonanz auf unsere Sendung – auch wenn es uns

nicht immer möglich ist, alle Emails zu beantworten!

VORWORT

Die für dieses Buch von mir – Auwa Thiemann – ausgesuchten und beschriebenen zehn Angelgebiete stellen unterschiedlichste Fischarten und landschaftlich wunderschöne Plätze von der Kieler Bucht über Südtirol bis nach Kenia vor, die jedes Anglerherz höher schlagen lassen. Angeln ist meine große Leidenschaft und nach inzwischen über 40 Sendungen gibt es immer noch viele Tipps und Angelgebiete, die ich keinem vorenthalten möchte. Mich packte das Angelfieber schon in frühester Kindheit und bis zum heutigen Tage ist diese Passion erhalten geblieben. Angeln ist für mich das schönste Hobby der Welt, und ich bin mir sicher, das wird auch so bleiben.

Die Rezepte zu den frisch erbeuteten Fischen stammen von mir – Steffen Sonnenwald – und sind aus dem Ehrgeiz entstanden, mit ganz einfachen Mitteln durchaus kreative und genussvolle Fischküche zu bieten. Grillen mit Fisch einmal ganz anders: gesund, lecker und schnell – das ist, seit ich gefragt wurde, ob ich bei „Fish 'n Fun" mitmachen wolle, mein Ansporn. Es war und ist mir ein großes Anliegen, zu zeigen, wie vielseitig Fisch sein kann. Mit diesem besonderen Lebensmittel zu arbeiten, das war schon immer eine sehr große Leidenschaft in meiner Laufbahn als Koch. Was Meere, Flüsse und Seen bieten, ist unglaublich und es ist wirklich eine Lebensaufgabe, jede vorkommende Fischart einmal zu verarbeiten – und für mich als Koch immer wieder eine große Herausforderung. Die Gerichte sind so konzipiert, dass Sie alle draußen am Grill zubereitet werden können. Besonderes Equipment, das über die normalen Grillutensilien hinausgeht (siehe Grilltipps Seite 6/7), ist bei den Zutaten vermerkt. Und wer die Küche zu Hause bevorzugt, findet bei den Tipps entsprechende Anregungen. Bekanntlich hilft es allen, ein wenig mehr auf eine ausgewogene Ernährung zu achten. Wichtiger Bestandteil eines gesunden Speiseplans sind Lebensmittel in frischester und bester Qualität, die mittlerweile auch auf unseren Märkten und in unseren Geschäften zu finden sind. Dinge frisch zuzubereiten, das heißt nicht zwingend, viel Zeit dafür zu benötigen. Die Rezepte zeigen, dass es auch schnell und lecker ohne Dosen, Fast Food und Geschmacksverstärker, dafür mit frischen Kräutern und spannenden Gewürzen geht. Unbelasteter Fisch ist ausgesprochen gesund und in Maßen sehr gut für unseren Körper. Mindestens einmal pro Woche Fisch, ob roh oder gegart verzehrt, ist durch seine Vielseitigkeit überhaupt nicht langweilig.

Wir hoffen, mit diesem etwas anderen Fischbuch ein wenig Inspiration für die Ideen am heimischen Herd und für die Wahl neuer und spannender Angelreviere zu liefern!

Viel Spaß und Petri Heil wünschen

Auwa Thiemann und Steffen Sonnenwald

GRILL- UND KOCHTIPPS

Tipps zum Grillen

Was ist schöner, als mit Freunden oder der Familie gemeinsam unter freiem Himmel zu grillen? An einem idyllischen See oder Fluss zu sitzen, der Angel- und Kochleidenschaft zu frönen und den erlegten Fang auf der Stelle lecker zuzubereiten? Hierfür ist es gut, eine Kiste parat zu haben, in der die wichtigsten Utensilien ihren Platz finden: So kann jeder mit noch überschau- und verstaubarem Equipment sehr gute Koch- und Grillergebnisse erzielen.

Benötigtes Grill- und Kochequipment:

stabiler Rost bzw. Grill
gute Holzkohle
Streichhölzer
kleiner Gasbrenner
(guter Beschleuniger)
Pinzette zum Entfernen von Gräten
Grillzange
scharfes Messer, Schneidebrett
Kühltasche oder -box
(an die TK-Akkus und/oder
Eiswürfel denken)

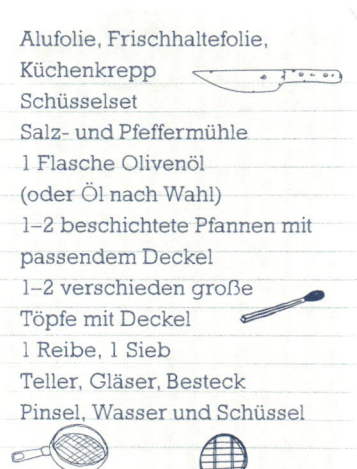

Alufolie, Frischhaltefolie,
Küchenkrepp
Schüsselset
Salz- und Pfeffermühle
1 Flasche Olivenöl
(oder Öl nach Wahl)
1–2 beschichtete Pfannen mit
passendem Deckel
1–2 verschieden große
Töpfe mit Deckel
1 Reibe, 1 Sieb
Teller, Gläser, Besteck
Pinsel, Wasser und Schüssel

Zubereitungstipps

Matjes von Weißfischen

Auch Matjes von Weißfischen wie Renken oder Rotaugen ist ausgesprochen lecker und es muss nicht immer der bekannte Hering sein.

Es gibt zwei Methoden, wie aus rohem Fisch Matjes hergestellt werden kann:
Auf die herkömmliche Art wird der Hering gekehlt (ausbluten lassen), sauber ausgenommen (bis auf einen kleinen Teil der Bauchspeicheldrüse), gut gewaschen und dann für zwei bis drei Tage in Salzlake zusammen mit der Bauchspeicheldrüse gelegt, damit der Matjes reifen kann.

Eine deutlich einfachere Möglichkeit ist die Verwendung eines Reifeintensors. Dieses von der Bauchspeicheldrüse in Verbindung mit dem Salz gebildete Enzym gibt es in Pulverform. Es ist einfach in der Handhabung und funktioniert einwandfrei. Das Wichtigste bei roh verarbeitetem Fisch ist jedoch immer das saubere Filetieren und das Reinigen der Fische.

Marinade für 1 kg Filets: Auf 1 Liter Wasser kommen 50 g Reifeintensor und ca. 100 g Meersalz sowie 2 EL gestoßener schwarzer Pfeffer und 1 EL weiße Senfsaat. Die Reifezeit beträgt drei Tage bei einer Laketemperatur von 5–8 °C. Jeden Tag vorsichtig ein- bis zweimal mit einem sauberen Kochlöffel umrühren. Dann den Matjes aus der Lake nehmen, kurz mit kaltem Wasser abwaschen, auf etwas Küchenkrepp abtropfen lassen und dann in eine Schale mit Rapsöl geben. Im Kühlschrank hält sich der Weißfischmatjes bis zu vier Wochen. Alternativ kann der Matjes auch eingefroren werden.

Fische braten

Fische am besten in beschichteten Pfannen anbraten, so bleiben sie nicht am Pfanneboden kleben und man spart sich das Mehl. In vielen Rezepten wird aus unerklärlichen Gründen immer Zitronensaft vor dem Braten an die schönen Fische gegeben; das verfälscht aber nur den Eigengeschmack. Daher Säure, wenn überhaupt, erst zum Schluss zugeben.

Fische räuchern

Selbst zu räuchern ist gar nicht schwer und das Heißräuchern geht auch gut ohne Räucherofen. Mit Buchenholzspänen, Alufolie, einem Topf und mit einem in den Topf passenden Kuchengitter ist es ganz einfach. Statt einem Gitter kann auch ein Edelstahlring verwendet werden, der hitzebeständig sein sollte. Das gilt für alle Materialien: zum Heißräuchern bitte niemals Plastik oder entzündliches Material verwenden. Die komplette Anleitung dazu gibt es auf Seite 76/77.

Steffen zeigt wie's geht Tomaten einfach enthäuten

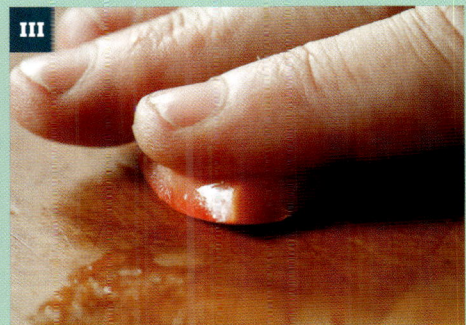

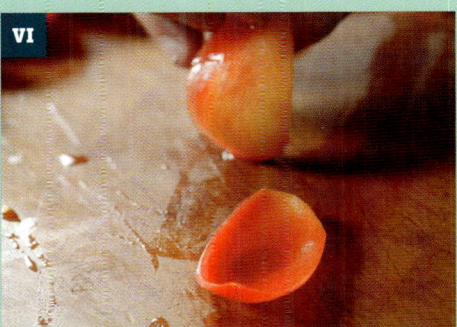

AUWAS ANGELTIPPS

Aal

Ich angle meine Aale mit Tauwurm an der Posenmontage oder mit kleinen toten Kaulbarschen. Fetzen von kleinen Lauben sind ebenfalls enorm fängig.

Barsch

Kleine Wobbler im Firetigerdekor sowie Twister oder Tauwurm an der Posenmontage sind die Topköder für Barsche.

Brasse

Diese Fische werden genauso beangelt wie Plötzen (siehe unten). Die Köderpalette reicht von Maden über Mais bis hin zum Wurm. Oft folgen die Brassen den Plötzen und verdrängen diese vom Futterplatz. Dann regelmäßig große Mengen Futter ins Wasser geben, denn Brassen haben einen gesunden Appetit.

Hecht

Hechte werden sowohl morgens als auch abends mit flach laufenden Wobblern, Jerkbaits, aber auch mit totem Köderfisch am Grund vor Schilfgürteln oder Teichrosenfeldern gleichermaßen gut gefangen.

Karpfen

Einheimische Experten fangen die Karpfen an der Festbleimontage mit Teig oder Tauwurm. Aber auch das Hundetrockenfutter Frolic hat sich als guter Köder für Karpfen herausgestellt. Bei zwei- bis dreitägigem Anfüttern steigen die Chancen enorm, den Karpfen zu fangen.

Makrele

Sommerzeit ist Makrelenzeit. Ich angle meine Makrelen auf Sylt vor Kampen mit dem Makrelenpaternoster in fünf bis sechs Metern Wassertiefe. Wichtig ist Eis, um die Fische kühl zu halten, denn Makrelen verderben in der Sommerhitze sehr schnell.

Plötze

In fast jedem Gewässer in Ufernähe mit der Bolognese- oder Feederrute zu angeln. Topköder sind Maden: Zwei bis drei dieser zappligen Gesellen am 12er- oder 14er-Haken kurz über Grund angeboten, bringen oft Fisch auf Fisch. Ab und zu eine Handvoll Futter (Paniermehl) hält die Fische am Platz.

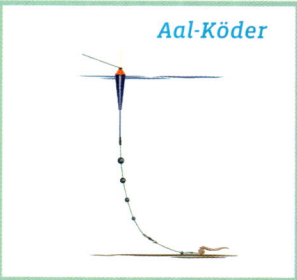
Aal-Köder

Karpfen-Montage

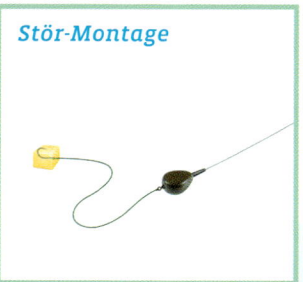
Stör-Montage

Wels-Montage

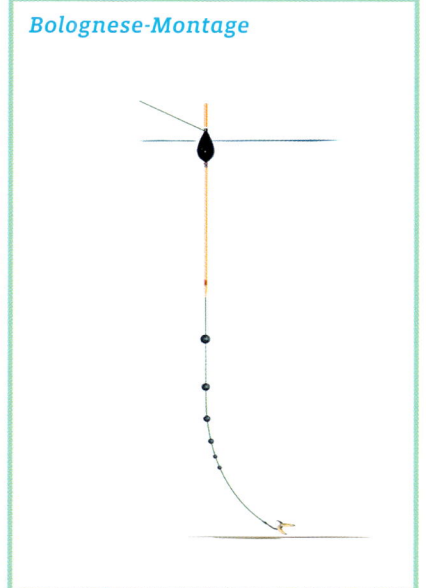

Bolognese-Montage

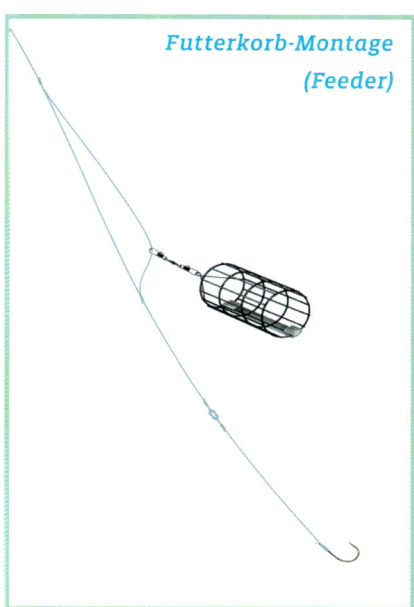

Futterkorb-Montage
(Feeder)

Zander-Montage

Stör

Störe werden mittlerweile in vielen Seen besetzt. Egal ob Pose oder Blei, Hauptsache der Köder liegt auf Grund. Mais, Käse und Wurm sind meine Köderfavoriten. Da Störe kampfstark sind, sollte die Bremse fein justiert sein, sonst ist der Schnurbruch vorprogrammiert.

Wels

Welse oder Waller sind Räuber, die vor allem nachts auf Futtersuche unterwegs sind. Sie fressen am liebsten Fische, gerne aber auch einmal ein Bündel Tauwürmer. Mit Totholz unterspülte Kanten und tiefe Rinnen sind oft ihr zu Hause.

Wolfsbarsch

In Küstennähe werden sie seit einigen Jahren an der holländischen Küste und auch auf Sylt geangelt. Spinnfischen mit Blinker und Küstenwobbler sowie das Angeln mit Gummifisch bringen die silbrigen Räuber im Sommer an den Haken. Im September beißen weniger Fische, dafür aber dann die Großen.

Zander

Tote Köderfische am System langsam geschleppt sind frühmorgens der optimale Köder Köderfische am langen Vorfach mit Knicklichtpose an den Scharkanten zwischen vier und sechs Metern Tiefe sind abends und im Dunkeln die beste Methode.

VORSPEISEN

Barsch mit Kartoffel-Radieschen-Salat

 Zubereitungszeit: 20 Minuten

**500 g Bamberger Hörnchen (fest
kochende, kleine Kartoffelsorte)**
1 Bund Radieschen mit Grün
50 g Speck, in Würfel geschnitten
1 EL Sonnenblumenöl zum Braten
**2 rote Zwiebeln, geschält und fein
gewürfelt**
3–4 EL Weißweinessig
1 EL mittelscharfer Senf
6 EL Sonnenblumen- oder Rapsöl
Salz und Pfeffer aus der Mühle
1 Bund Blattpetersilie, fein gehackt

4 Barschfilets
Salz und Pfeffer aus der Mühle
etwas Olivenöl zum Braten

1 Die Kartoffeln mit Haut weich kochen, anschließend pellen und in Scheiben schneiden. Radieschen gut waschen, das grüne Kraut abschneiden und die Radieschen in feine Scheiben schneiden. Kartoffeln und Radieschen in eine Schüssel geben.

2 In einer Pfanne die Speckwürfel mit etwas Öl kross braten. Die Hitze reduzieren, die in kleine Würfel geschnittenen roten Zwiebeln beigeben und glasig schwitzen. Die Pfanne von der Hitze ziehen, den Inhalt mit Essig ablöschen, den Senf und das Öl beigeben und alles gut verrühren. Die Mischung noch warm auf den Salat geben und gut, aber vorsichtig, vermengen, mit Salz und Pfeffer würzen, zum Schluss die frisch gehackte Petersilie zugeben und den Salat ca. 15 Minuten ziehen lassen

3 Die Barschfilets mit Salz und Pfeffer würzen und in etwas heißem Olivenöl maximal zwei Minuten von beiden Seiten braten. Zum Servieren auf dem Kartoffelsalat anrichten.

Tipp: Cornichons, in dünne Scheiben geschnitten, machen den Salat noch knackiger.

Die Möhne

Mitten in Nordrhein-Westfalen liegt das Sauerland mit seinen Talsperren. Eine der bekanntesten ist die Möhne-Talsperre, Ausflugs- und Naherholungsziel vieler Großstädter aus dem nahe gelegenen Ruhrgebiet. Oberhalb der Talsperre mäandert das Flüsschen Möhne durch diese Mittelgebirgslandschaft. Liebevoll gepflegt und ausschließlich Fliegenfischern vorbehalten, wird dieses Gewässerkleinod von „Europe Flyfishing" bewirtschaftet. Mirjana Pavlic, selbst leidenschaftliche Fliegenfischerin, gibt nur ein begrenztes Kontingent an Tageskarten aus, sodass eine rechtzeitige Reservierung durchaus sinnvoll ist. Die Möhne ist strukturreich und bietet dem Angler sowohl tiefe, langsam fließende als auch schnelle, flache Bereiche. Bachforellen, Saiblinge und Regenbogenforellen

in ansehnlicher Größe bieten hervorragenden Sport. Sowohl die Trockenfliege als auch Nymphe und Streamer sind erfolgreich. Einige Bereiche sind sehr gut zu bewaten. Der größte Teil der Strecke wird jedoch vom Ufer aus befischt. Es dürfen Fische zum Eigenverzehr entnommen werden. Wie viele, entnimmt man den Gewässerregeln von „Europe Flyfishing".

Um die gesamte Strecke erfolgreich befischen zu können, sollte man schon ein erfahrener Fliegenfischer sein. Anfänger haben es durch den Uferbewuchs und den alten, malerisch anmutenden Baumbestand, der die Ufer der Möhne säumt, etwas schwerer.

Wer sich nicht unbedingt der Fliegenfischerei widmen möchte, findet im Möhnesee bei der Angelei, vornehmlich vom Boot aus, Erholung,

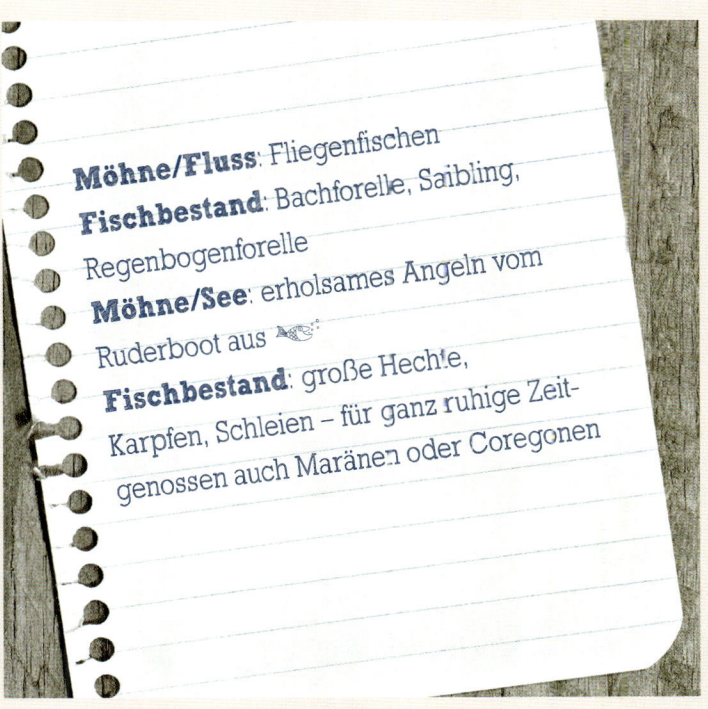

Möhne/Fluss: Fliegenfischen
Fischbestand: Bachforelle, Saibling, Regenbogenforelle
Möhne/See: erholsames Angeln vom Ruderboot aus
Fischbestand: große Hechte, Karpfen, Schleien – für ganz ruhige Zeitgenossen auch Maränen oder Coregonen

Ruhe und jede Menge Fische. Die großen Hechte im See sind ein Magnet für Raubfischangler aus nah und fern. Uli Beyer, Deutschlands langjähriger Raubfischexperte und „Blinker"-Autor, hat nicht umsonst an der Möhne ein Angelgeschäft, Beratungsstelle und Infobörse inklusive. Im Sommer bietet die Möhne darüber hinaus eine exzellente Barschangelei mit Kunstködern, vor allem in der Nähe der Brücken, an der Staumauer und im Bereich der zahlreichen Bootsanleger und Sportbootstege. Seit ein paar Jahren sind Elektromotoren erlaubt, ansonsten ist Muskelkraft – sprich: Rudern – der einzig erlaubte Antrieb für die Boote. Wer ein Echolot sein eigen nennt, ist klar im Vorteil, denn die besten Verstecke für die großen Hechte bieten die Reste versunkener Ortschaften im Stausee.

Wer vom Ufer aus angeln möchte, sucht sich eine der vielen kleinen Buchten und angelt dort mit Feeder- oder Grundmontage. Einige Tage reichlichen Anfütterns erhöhen die Chance auf große Karpfen und Schleien ganz erheblich. Weißfische gibt es zahlreich und seit einigen Jahren wächst auch der Bestand an Maränen, die gezielt gesetzt werden. Sollten also irgendwann Angler, Statuen gleich, scheinbar unbeweglich im Boot sitzend, gesichtet werden, handelt es sich mit großer Wahrscheinlichkeit um Maränenangler, die sozusagen in Zeitlupe den leckeren Coregonen nachstellen.

Brachsen-Chili-Wrap mit Tomaten, Schafskäse und Cashewkernen

 Zubereitungszeit: 12 Minuten

240 g Maismehl
100 g Weizenmehl
2 Eier
¼ l Wasser
2 EL Rapsöl
1 Prise Salz
etwas Rapsöl zum Braten

500 g Brachsenfilet, stückig geschnitten
etwas Rapsöl zum Braten
50 g Cashewkerne

3 rote Chilischoten
1 Becher saure Sahne (200 g)
Salz

1 Kopf Eisbergsalat, gewaschen
2 Zwiebeln, geschält und in Streifen geschnitten
4 Tomaten, in Würfel geschnitten
200 g Schafskäse, in Würfel geschnitten
1 Bund Thai-Basilikum

1 Beide Mehlsorten in einer Schüssel vermischen. In der Mitte eine kleine Mulde formen, darin die Eier mit etwas Wasser verrühren, anschließend nach und nach das restliche Wasser sowie Öl und Salz zugeben und mit dem Mehl zu einem Teig verarbeiten. In einer beschichteten Pfanne etwas Rapsöl erhitzen. Von dem Teig nach und nach dünne Pfannkuchen braten und auf einem Teller warm stellen.

2 Die Brachsenstücke in etwas Öl anbraten, aus der Pfanne nehmen, die Gräten vorsichtig entfernen und dann den Fisch fertig braten. Kurz vor Ende der Bratzeit die Cashewkerne hinzugeben und goldgelb anbraten.

3 Die Chilischoten halbieren, vom Kerngehäuse befreien und in dünne Streifen schneiden. Mit saurer Sahne vermischen und mit Salz würzen.

4 Die Pfannkuchenwraps flach ausbreiten und mit gewaschenen grob zerkleinerten Salatblättern, Zwiebelstreifen, gewürfelten Tomaten, gewürfeltem Schafskäse, gezupften Basilikumblättchen, gebratenen Brachsenstücken und Cashewkernen belegen. Etwas von dem Chilidip über die Füllung geben und die Pfannkuchenwraps zu Tüten einrollen.

Tipp: *Wer schnell ist, kann die Gräten der Brachse nach dem Braten ziehen. Sie lösen sich leichter aus dem noch warmen Fleisch.*

Forellentatar, Vollkornbrot und Crème fraîche

 Zubereitungszeit: 8 Minuten

400 g fangfrische Forellenfilets
2 Schalotten, klein gewürfelt
1 Bund Thai-Basilikum oder Schnittlauch, fein geschnitten
2 EL Olivenöl
2 cl Noilly Prat
Salz und Pfeffer aus der Mühle

100 g Crème fraîche
1 Knoblauchzehe
1 Schalotte
Salz und Pfeffer aus der Mühle

4 Vollkornbrotscheiben

Zusätzlich benötigtes Material:
1 runde Ausstechform von ca. 8 cm
Durchmesser (oder Form nach Wahl)

1 Die Forellenfilets in feine Würfel schneiden und mit den Schalotten, dem Basilikum, Olivenöl und Noilly Prat in einer Schüssel vermischen, mit Salz und Pfeffer würzen. Kurz kalt stellen.

2 Die Crème fraîche in einer Schüssel glattrühren. Knoblauchzehe und Schalotte schälen, zum Aromatisieren in die Crème fraîche geben, mit Salz und Pfeffer würzen und die Schüssel mit einem Tuch bedeckt für ca. 20 Minuten an einen warmen Ort stellen. Danach den Knoblauch und die Schalotte entfernen, die Crème fraîche kalt stellen.

3 Nachdem das Forellentatar schön durchgekühlt ist, mit dem Ausstecher die Vollkornbrotscheiben ausstechen, dabei den Ausstecher auf dem Brot belassen, bis knapp unter den Rand mit Forellentatar füllen und zum Schluss mit Crème fraîche bestreichen. Das Brot mit Tatar und Crème fraîche von unten aus der Form drücken und auf Tellern oder einer Platte anrichten.

Gebackenes Hecht-Sandwich mit Wiesensalat

Zubereitungszeit: 17–20 Minuten

250 g **Hechtfilet, sorgfältig entgrätet**
75 g **Crème fraîche**
2 **Eigelb**
50 g **Parmesan, gerieben**
fein gehackte Kräuter nach Geschmack
(z. B. Dill, Basilikum, Schnittlauch,
Thymian etc.)

8 **frische Toastbrotscheiben, entrindet**
50 g **Mehl**
2 **Eier, verquirlt**
150 g **Paniermehl**
4 EL **Sonnenblumenöl**
2 EL **Butter**

100 g **Wiesensalat (z. B. Löwenzahn,**
Sauerampfer, Brennnessel oder Me-
sclun*) mit essbaren Blüten
1 **Schalotte**
12 **Kirschtomaten**
2 EL **Balsamico**
4 EL **Olivenöl**
Salz und Pfeffer aus der Mühle

1 Den Hecht ganz fein hacken und zusammen mit der Crème fraîche, den Eigelben, dem Parmesan und den fein gehackten Kräutern zu einer homogenen Masse vermengen.

2 Vier Toastbrotscheiben mit der Masse bestreichen, mit einer zweiten Scheibe bedecken und leicht andrücken. Das Sandwich rundum mit Mehl bestäuben, durch verquirltes Ei ziehen, in Paniermehl wenden und in der Pfanne im Öl von beiden Seiten knusprig braten. Zum Schluss die Butter zugeben und die Sandwiches auf etwas Küchenpapier abtropfen lassen.

3 Den Salat gut waschen und in einem Tuch oder – falls vorhanden – mit der Salatschleuder trocken schleudern. Die Schalotte fein hacken, Tomaten in feine Würfel schneiden und alles in eine Schüssel geben. Mit Balsamico, Öl, Salz und Pfeffer würzen und gut vermengen.

4 Das gebackene Sandwich diagonal in zwei Dreiecke schneiden und zusammen mit dem Salat anrichten.

Tipp: *Besonders aromatisch wird die Hechtmasse, wenn ihr noch die fein gehackten Blättchen von zwei Zitronenthymianzweigen und die fein gehackten Nadeln eines Rosmarinzweigs hinzugefügt werden.*

* Wildsalat- bzw. Wildkräutermischung

Der Kölpinsee

Als ich die Müritz und ihre Nachbarseen als Drehort vorschlug, hatte ich viel gehört von den großen Hechten und den gewaltigen Barschschwärmen und war entsprechend neugierig. Was dann 2006 folgte, war typisch: falsche Zeit, falsches Wetter und vielleicht auch falsche Köder, wer weiß – ein Erlebnis, bei dem ich heute noch Schüttelfrost bekomme, wenn ich daran denke.

Heute ist der Kölpinsee das Gewässer, das bei mir ganz oben auf der Liste steht, wenn es um den Fang von Hechten geht. Meine Raubfischkurse finden dort statt und wenn jemand anruft, um mit mir Hechte zu fangen, dann fahre ich genau dorthin und bin fast versucht, Fanggarantie zu geben. Die Müritzfischer haben in Eldenburg eine beispielhafte Anlage geschaffen, mit Appartements, Booten und einer kleinen Gaststätte, alles Dinge, die ein Angler zu schätzen weiß. Von dort aus starte ich vor allem im Frühjahr, also Mitte bis Ende April, meine Hechttouren. Eldenburg liegt vor den Toren Warens direkt an der Reeck,

einer kleinen Wasserstraße, die den Kölpinsee mit dem großen Bruder Müritz verbindet. Was mich am Kölpinsee fasziniert, ist sein unglaublicher Reichtum an Struktur. Flache Stellen, kaum einen Meter tief, dann wieder Kuhlen und Rinnen, die auf fünf bis sechs Meter abfallen, steile Kanten und Krautbänke, gefolgt von Bereichen, die mein Echolot mit bis zu 30 Metern Tiefe anzeigt. Der See ist der Sportschifffahrt wegen betonnt und diese markanten Signale erleichtern die Orientierung bei der Suche nach guten Fangplätzen enorm. Einige dieser Plätze möchte ich hier kurz beschreiben.

Gleich nach der Ausfahrt aus der Reeck befindet sich rechts eine Kuhle mit drei bis vier Metern Wassertiefe, die im Frühjahr oft gute Hechte beherbergt. Ein kleiner Schlenker durch dieses Gebiet bringt oft schon am frühen Morgen kurz nach dem Start den ersten Fisch. Die Kante an der zweiten roten Tonne liegt ebenfalls auf meinem Weg. Auch dort kann es immer wieder vorkommen, dass 70–80 cm große Hechte auf den

geschleppten Wobbler hereinfallen. Fährt man weiter die Fahrrinne entlang, taucht rechts der Damerower Werder mit seinem Wisentgehege auf und auf der linken Seite erscheint etwas zurückliegend die zweite grüne Tonne. Die Kante ungefähr 100 m rechts von der Tonne, die sich bis in die Enge zwischen Damerower Werder und dem gegenüberliegenden Ufer hinzieht, ist absolut top. Hier habe ich im Jahr 2009 in nicht ganz zwei Stunden fünf große Hechte von 0,95 bis 1,15 m gefangen – unter Zeugen wohlgemerkt, damit euch das Wort Anglerlatein gar nicht erst in den Sinn kommt. Auch die Enge am Damerower Werder hat ein paar schöne Stellen für Hechte zu bieten.

Auf der Damerower Seite befinden sich zwei große Reusen. Die erste am Beginn der Enge befindet sich oberhalb einer leicht bogenförmigen Kante, die zwischen zweieinhalb und fünf Metern sehr schöne Krautfelder aufweist und oft sowohl von guten Hechten als auch von großen Barschen bewohnt wird. Die zweite Reuse

befindet sich quasi am oberen Ende der Enge vor einem großen Flachwasserbereich. Auch hier gibt es ansehnliche Krautinseln zwischen zwei und vier Metern Wassertiefe; eine Stelle, die ich nie unbesucht lasse, wenn ich Raubfischen nachstelle. Hinter der Enge erweitert sich der See zu einem Rund mit einer Scharkante an beiden Seiten. Dieses Teilstück des Sees ist recht stark betont, da zwei Fahrrinnen zu den Kanälen der benachbarten Seen bezeichnet werden. Rechts auf der Damerower Seite befindet sich der Verbindungskanal zum angrenzenden Fleesensee. Kurz vor der Einfahrt zum Kanal stehen die gelb-roten Sperrgebietstonnen für das Naturschutzgebiet. Entlang der ersten drei gelb-roten Tonnen lohnt ebenfalls der Versuch auf Hecht und Barsch. Für mich ist dieser Bereich immer dann eine sichere Bank, wenn die Fänge im restlichen See eher mäßig ausfallen. Damit hätten wir jetzt den See der Länge nach von der Ausfahrt der Reeck bis zum Kanal Fleesensee besprochen. Auch die Querachse hat ein paar

wirklich gute Stellen zu bieten, allerdings meist nur zu bestimmten Jahreszeiten. Wir beginnen wieder bei der Ausfahrt der Reeck, biegen links ab und fahren Richtung Klinker Wald. In diesem Gebiet stehen meist drei bis vier Reusen der Müritzfischer – und das nicht umsonst. Viel Struktur mit etlichen Barschbergen, Krautfeldern und Lunken beherbergen Unmengen von Futterfisch. Ich fische dort hauptsächlich im Herbst mit kupferfarbenen Wobblern, da viele Schleien in diesem Bereich des Sees ihr Zuhause haben. Ein gutes Stück nördlich von Klink steht

die „Meisterreuse". Der Bereich um diese Reuse ist ebenfalls immer für einen starken Hecht gut. Fährt man vom Reecker Kanal rechts auf den See, durchquert man ein großes Stück Flachwasser mit wechselnden Tiefen zwischen einem und zwei Metern. Wenn ein großes Gebäude, das „Haus am Kölpinsee", auftaucht, hat man sein Ziel fast erreicht. Ein kurzes Stück weiter taucht wieder mal eine Reuse auf. Und dann urplötzlich fällt der Grund auf bis zu sechs Meter Tiefe ab. Das „6-Meter-Loch" kann ab und zu zur echten Wundertüte werden. Mal fängt man gar nichts,

Kölpinsee: tolle Angelanlage mit Appartements, Booten & Gaststätte
Fischbestand: Hecht (95% Fanggarantie), Barsch, Schleie
Beste Zeit: Frühjahr
Köder: Wobbler
Der Traum vom 100 cm Hecht kann hier verwirklicht werden!

mal stehen dort jede Menge Hechte. Es ist mir bis jetzt nicht gelungen, herauszufinden, unter welchen Bedingungen und bei welcher Wetterlage sich die Fische dort einfinden. Von dort aus fischt man dann wieder Richtung Damerower Werder, nicht ohne noch einen kleinen Abstecher zur sogenannten „Schweinereuse" zu unternehmen. Diese Reuse steht ebenfalls direkt an einer schönen tiefen Kante und hat ihren Namen von einem Wildschwein, das sich eines Nachts in der Reuse verfing. Wer jetzt noch auf den Rat der Fischer hört, die ihren Gästen

gerne Tipps zu den derzeit fängigsten Ecken für Hecht und Barsch geben, der müsste an und für sich reiche Beute machen. Für mich ist ein Besuch am Kölpinsee Pflicht, vor allem im Frühjahr, wenn die Hechte im Rest der Republik noch Schonzeit haben. Und wem der Meterhecht noch fehlt, der hat hier wirklich sehr gute Chancen, die magische Marke von 100 cm zu knacken.

Marinierte Heilbutt-Cannelloni mit Hüttenkäsefüllung und Brotsticks

 Zubereitungszeit: mind. 2 Stunden zum Marinieren, restliche Zubereitung 10 Minuten

400 g **Heilbutt*, ohne Haut und entgrätet (ca. 1 Heilbuttfilet)**
1 EL **Meersalz**
¾ EL **Zucker**
1 TL **Pfefferkörner, zerdrückt**
50 g **Fichtennadeln**

200 g **Hüttenkäse (körniger Frischkäse)**
2 **Schalotten, geschält und fein gewürfelt**
Salz und Pfeffer aus der Mühle

4 Scheiben **Schwarzbrot**
2 **Knoblauchzehen, leicht gequetscht**
Olivenöl zum Braten

Für die Garnitur:
½ Bund **Basilikum, Blättchen abgezupft**
etwas Dill

1 Meersalz mit Zucker, Pfeffer und Fichtennadeln gut vermengen und auf den Heilbutt geben und leicht andrücken. Das Ganze in Frischhaltefolie wickeln und für ein bis zwei Stunden kalt stellen. Anschließend die Marinade abwaschen und den Heilbutt in acht lange, dünne Scheiben schneiden.

2 Den Hüttenkäse in einer Schüssel mit den klein gewürfelten Schalotten vermischen, mit Salz und Pfeffer abschmecken.

3 Das Brot in fingerdicke Sticks schneiden. Olivenöl mit dem angequetschten Knoblauch in einer Pfanne erhitzen, die Brotsticks zugeben und rundum knusprig anbraten. Auf Küchenpapier abtropfen lassen.

4 Die Heilbuttscheiben auf Klarsichtfolie auslegen. Je einen Esslöffel von der Hüttenkäsefüllung daraufgeben, dann den Fisch vorsichtig einrollen. Jeweils zwei Heilbutt-Cannelloni auf Teller legen und mit knusprigen Brotsticks, Basilikumblättchen und Dill garnieren.

*Der Heilbutt muss absolut frisch sein! Dies gilt für alle Fische, die roh gebeizt werden. Nach dem Beizen sollte der Fisch binnen einer Woche verzehrt werden.

Makrelen-Carpaccio mit gebackenen Austern und gegrillter Wassermelone

 Zubereitungszeit: 25 Minuten

3–4 Makrelenfilets
12 Felsenaustern, Fines de Claires
100 ml Weißwein

100 g Toastbrot, ohne Rinde
1 Bund Petersilie, sehr fein gehackt
Olivenöl zum Braten

200 g Wassermelone, extra süß

3 EL Olivenöl
1 Limette, ausgepresst
Meersalz und Pfeffer aus der Mühle

Zusätzlich benötigtes Material:
1 Austernmesser
1 kleines Sieb
1 feine Reibe
1 kleiner Topf
Eiswürfel für Eiswasser
1 Pinsel

1 Die Makrelenfilets sorgfältig entgräten und auf Eis stellen.

2 Die Austern mit einem Austernmesser öffnen, das Fleisch herauslösen und mit dem Saft in das Sieb geben, damit keine Schalenstücke in den Fond geraten, den Fond in einem kleinen Topf auffangen. Austernfond mit Weißwein auffüllen und zum Kochen bringen, anschließend die Hitze reduzieren. Die Austern im Sieb auf Schalenbruchstücke kontrollieren, dann in den Fond geben und eine Minute lang ansteifen. Danach das Muschelfleisch herausnehmen, in Eiswasser abschrecken und auf Küchenpapier trocknen.

3 Das entrindete Toastbrot reiben und mit der fein gehackten Petersilie gut vermengen. Die Austern in dieser Mischung wenden und kurz von beiden Seiten in einer Pfanne in etwas Olivenöl anbraten.

4 Das Melonenfruchtfleisch in drei bis fünf Zentimeter lange Rechtecke schneiden und auf den Grillrost legen. Aufpassen, dass der Grill nicht zu heiß ist; durch den hohen Fruchtzuckergehalt karamellisiert die Melone schnell und sie kann sehr leicht anbrennen.

5 Das Olivenöl in einer Schüssel mit dem Limettesaft verrühren, mit Meersalz und Pfeffer würzen und mit einem Pinsel kreisrund in der Größe, wie die Makrele ausgelegt wird, auf Teller streichen. Die Makrele mit einem sehr scharfen Messer hauchdünn aufschneiden. Die Scheiben kreisförmig auf die Marinade legen, so dass sie sich leicht überlappen, nochmals leicht salzen und pfeffern.

6 Die gebackenen Austern und die gegrillten Melonenstücke an das Carpaccio legen. Dazu passt ein leichter, knackiger Blattsalat.

Steffen zeigt wie's geht
Austern öffnen, ansteifen und backen:

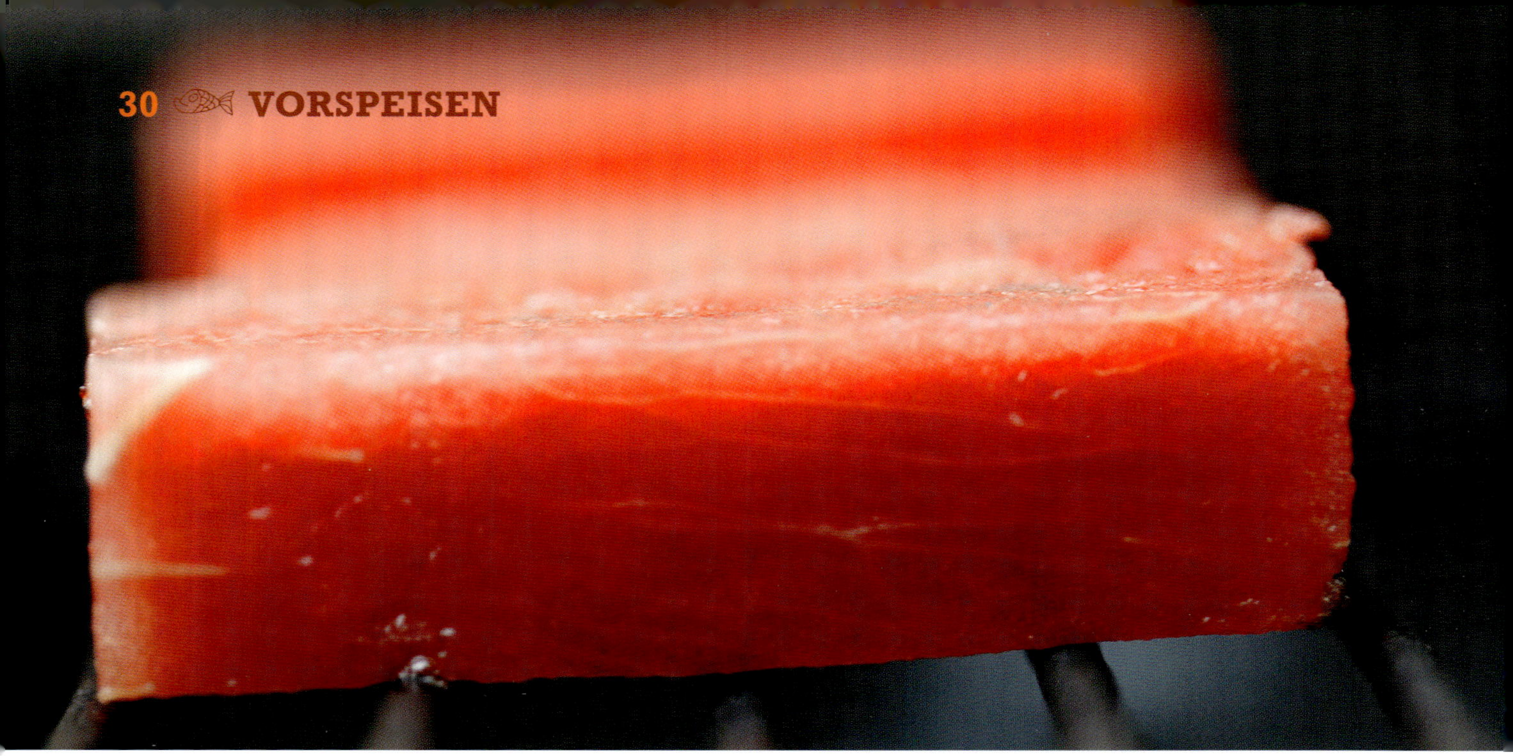

Makrelen-Carpaccio mit gebackenen Austern und gegrillter Wassermelone, Rezept Seite 28

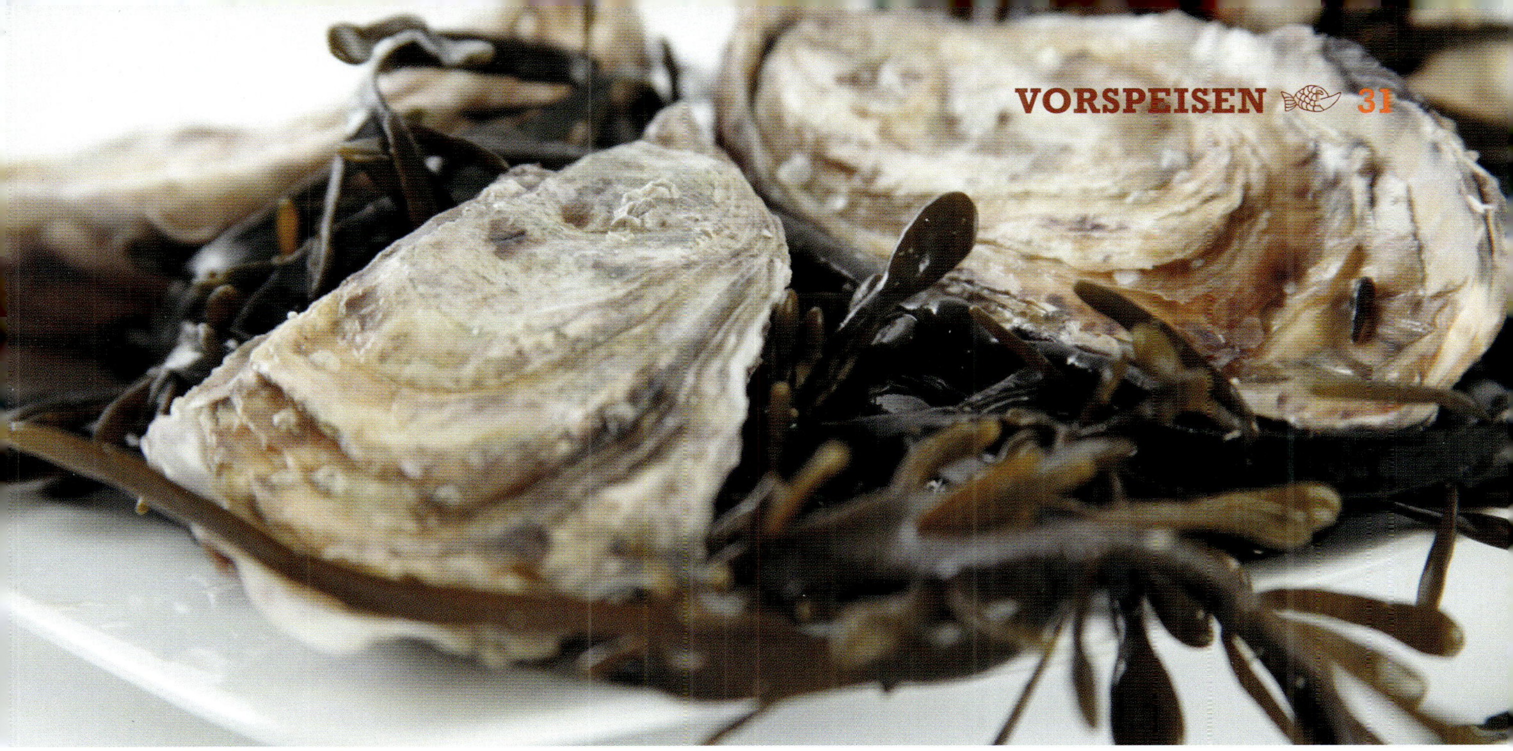

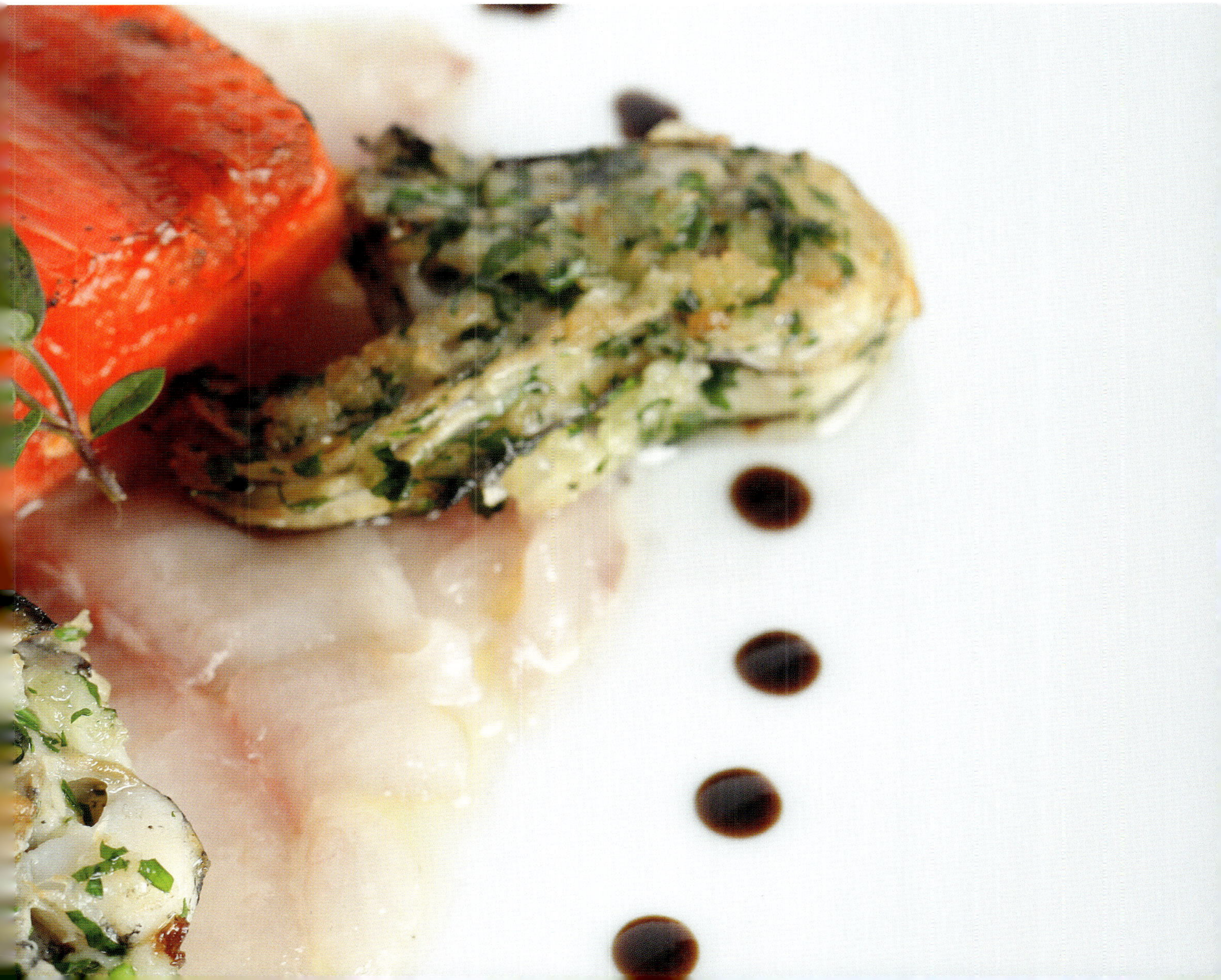

Salat von Meerbarbe mit knusprigem Parmaschinken und gebratenem Ziegenkäse

 Zubereitungszeit: 12 Minuten

8 **Parmaschinkenscheiben**
4 **kleine Ziegenkäse à ca. 20 g**
2 **EL Olivenöl zum Braten**
1 **kleiner Rosmarinzweig**

1 **Handvoll Feldsalat**
1 **kleiner Kopf Radicchio**
1 **kleiner Kopf feiner Friséesalat**
1 **kleines Bund Rucola**
2 **Eiertomaten**
Salz und Pfeffer aus der Mühle
2 **EL Balsamico**
4 **EL natives Olivenöl**

2 **Meerbarben, filetiert und entgrätet**
Salz und Pfeffer aus der Mühle
2 **EL Olivenöl zum Braten**
1 **Knoblauchzehe, mit der Schale halbiert**
2 **Ciabattabrotscheiben, in Würfel geschnitten**
Salz

1 **kleines Bund Basilikum**
40 g **Parmesan, in dünne Späne gehobelt**
½ **Limette oder Zitrone, ausgepresst**
alter Aceto Balsamico (8 Jahre)

1 Vom Parmaschinken vier lange, breite Streifen schneiden und den Ziegenkäse darin einwickeln, den restlichen Schinken in feine Streifen schneiden. In einer Pfanne Olivenöl mit dem Rosmarinzweig erhitzen, den eingewickelten Käse darin von beiden Seiten scharf anbraten und auf Teller geben. Anschließend die restlichen Schinkenstreifen in der Pfanne knusprig braten, auf Küchenpapier abtropfen lassen.

2 Die Salatblätter gut waschen, trocknen, klein zupfen und in eine Schüssel geben. Die Tomaten vierteln und vom Kerngehäuse befreien, danach nochmals halbieren und zum Salat geben. Mit Salz und Pfeffer würzen, mit etwas Balsamessig und Olivenöl marinieren und vorsichtig vermengen.

3 Die Barbenfilets mit Salz und Pfeffer würzen und in einer beschichteten Pfanne mit etwas Olivenöl braten. Den Fisch aus der Pfanne nehmen, den Knoblauch und die Ciabattawürfel zugeben, mit etwas Salz bestreuen und in der Pfanne goldgelb rösten.

4 Den Salat wie eine Linie mittig auf Tellern platzieren, mit knusprig gebratenen Schinkenstreifen, gezupftem Basilikum und Parmesanspänen sowie Ciabattacroûtons dekorieren. Je einen gebratenen Ziegenkäse daneben geben. Die Barbenfilets mit etwas Limetten- oder Zitronensaft beträufeln und an den Salat legen. Ein wenig Balsamico um den Salat herum träufeln und servieren.

Tipp: *Barben immer erst auf der Hautseite anbraten. Die Garzeit bei diesem Fisch ist sehr kurz, er sollte nach dem Braten nicht lange warm gehalten werden, da das zarte Barbenfleisch sonst trocken wird.*

Frühlingsrollen von Räucheraal und Aalrutte mit Bärlauch-Dip

 Zubereitungszeit: 10 Minuten

60 g **Räucheraal***, gehäutet
und entgrätet
150 g **Aalrutte (Aalraupe)**
2 **Schalotten**
1 **Lauchzwiebel**
1 TL **Meerrettich**, möglichst
frisch gerieben
10 g **gehackte Petersilie**
Salz und Pfeffer aus der Mühle
8 Blätter **Frühlingsrollenteig**
8 EL **Pflanzenöl zum Ausbacken**

1 Bund **Bärlauch**
1 Becher **Schmant (200 g)**
Salz und Pfeffer aus der Mühle

* Hinweise zum Selberräuchern sind auf Seite
76/77 vermerkt.

1 Den Räucheraal und die Aalrutte in ganz kleine Stücke schneiden und in eine Schüssel geben. Die Schalotten in kleine Würfel schneiden, die Lauchzwiebel ebenfalls klein schneiden, beides zum Fisch geben. Mit Meerrettich, Petersilie und Salz würzen, mit Pfeffer abschmecken.

2 Die Masse auf acht Frühlingsrollenteigblätter verteilen. Die Blätter von unten auf die Füllung klappen, die Seiten zur Mitte einschlagen und dann das Ganze fest einrollen, dabei den Rand mit etwas Wasser fixieren. In siedendem Öl goldbraun herausbacken, vorsichtig herausheben und auf Küchenpapier trocknen lassen.

3 Den Bärlauch fein schneiden, mit dem Schmant vermengen und mit Salz und Pfeffer würzen und zu den Rollen servieren.

***Tipp**: Wer möchte, kann den Dip statt mit frischem Bärlauch auch mit Bärlauchpüree aus dem Glas zubereiten, das schmeckt auch sehr lecker.*

Warmer Räucheraal mit Krabben-Rührei und geröstetem Vollkornbrot

 Zubereitungszeit: 8 Minuten

1 EL **weiche Butter**
400 g **Räucheraal, gehäutet**
und entgrätet
1 **Thymianzweig**
1 **Rosmarinzweig**

4 **Eier**
100 g **Nordseekrabben**
Salz und Pfeffer aus der Mühle
2 **Frühlingszwiebeln**
2 EL **Butter**

4 **Scheiben Vollkornbrot**
2 EL **Olivenöl**
1 **Knoblauchzehe, geschält und halbiert**

8 **Schnittlauchhalme**
8 **Nordseekrabben**

1 Alufolie mit der Butter bestreichen und den Räucheraal auflegen. Thymian und Rosmarin darauf legen und das Ganze gut einpacken. Den Fisch von beiden Seiten ca. zwei bis drei Minuten in die Pfanne geben, anschließend zur Seite stellen.

2 Die Eier in einer Schüssel verquirlen, die Nordseekrabben dazu geben und mit Salz und Pfeffer aus der Mühle leicht würzen. Frühlingszwiebeln in feine Ringe schneiden, in einer Pfanne mit etwas Butter weich braten, ohne Farbe nehmen zu lassen. Die Eier-Krabben-Mischung dazugeben und zu einem luftigen Rührei braten.

3 Das Vollkornbrot von einer Seite in etwas Olivenöl anbraten. Die gebratene Brotseite mit der Schnittfläche der halbierten Knoblauchzehe abreiben, die Scheiben auf Teller geben.

4 Das vorbereitete Rührei direkt aus der Pfanne auf das Brot geben. Den warmen Räucheraal aus der Folie wickeln, in Stücke schneiden und auf das Rührei geben. Mit Schnittlauchhalmen und Nordseekrabben garniert servieren.

Tipp: *Als Garnitur eignen sich auch Petersilien- und Basilikumzweige sowie Kirschtomaten.*

Nord-Ostsee-Kanal

Der Nord-Ostsee-Kanal (kurz NOK), erbaut von 1886 bis 1914, verbindet Nord- und Ostsee und erspart damit vielen Kapitänen den Weg um die Nordspitze Dänemarks. Seine Länge beträgt 120 km von Brunsbüttel an der Elbe bis Kiel-Holtenau. Der NOK ist eine der meistbefahrenen Schifffahrtsstraßen der Welt und so sieht der Angler täglich Ozeanriesen aus aller Herren Länder quasi hautnah an sich vorüberziehen, während er seinem geliebten Hobby nachgeht. Durch den Salzgehalt der Nord- und Ostsee, verbunden mit der Einleitung vieler Bäche, führt der NOK Brackwasser, in dem sich so ziemlich alles wohlfühlt, was Flossen hat und Schuppen trägt. Egal ob Meerforelle, Hering, Butt oder Weißfisch, Aal, Karpfen und Zander – hier ist fast die gesamte Palette der heimischen Fischarten zu Hause. Und so trifft man ganzjährig immer viele Angler, die entlang der Kanalufer ihrer Passion nachgehen. Die begehrteste Beute der Kanalangler ist zweifellos der Aal, der hier hauptsächlich tagsüber gefangen wird; ein Kuriosum, das zumindest in Deutschland wohl einzigartig ist. Fast genauso beliebt wie die Aalangelei ist die Jagd auf Zander, der aber im Gegensatz zum Aal eher in der Dämmerung und am frühen Morgen eifrig beangelt wird. Beide Fischarten werden seit Generationen mit speziellen Techniken und an besonderen Stellen gefangen, von denen ich nachfolgend einige besonders erfolgreiche etwas näher beschreiben möchte. Beginnen wir mit der Angelei auf die leckeren Aale.

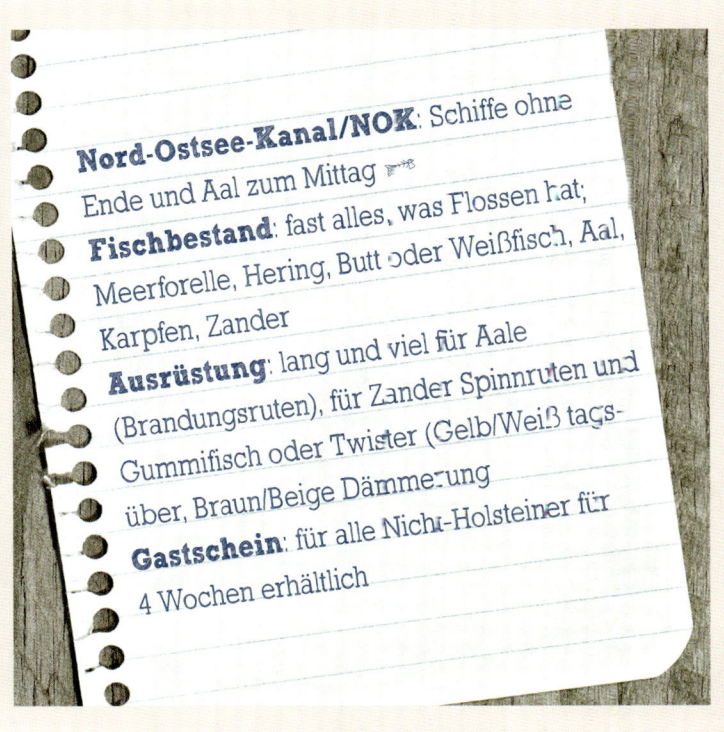

Nord-Ostsee-Kanal/NOK: Schiffe ohne Ende und Aal zum Mittag 🐟

Fischbestand: fast alles, was Flossen hat; Meerforelle, Hering, Butt oder Weißfisch, Aal, Karpfen, Zander

Ausrüstung: lang und viel für Aale (Brandungsruten), für Zander Spinnruten und Gummifisch oder Twister (Gelb/Weiß tagsüber, Braun/Beige Dämmerung

Gastschein: für alle Nicht-Holsteiner für 4 Wochen erhältlich

Im Kanal wird mit relativ schwerem Gerät auf Aal geangelt. Experten greifen zu leichteren Brandungsruten mit fast vier Metern Länge. Bedingt durch den Sog der Schiffe liegt das Gewicht der Bleie bei 130–180 Gramm, zwei Seitenarme mit einer Länge von 30 bis 40 cm vervollständigen die Montage. Die Rute wird schräg Richtung Wasser auf zwei Angelständern aufgelegt und mit Bissanzeigern bestückt. Meist wird mit drei Ruten gefischt. So weit, so gut. Aber wo fischt der Angler am erfolgreichsten? Ich fische am liebsten im Nahbereich der vielen Kanalfähren, die sozusagen als Brückenersatz dienen. Durch den Betrieb der Fähren bei Tag und Nacht wird immer wieder Nahrung aufgewirbelt beziehungsweise frei gespült – und wo es Nahrung im Überfluss gibt, sind die Fische meist nicht weit.

Auch die großzügig angelegten, sogenannten Weichen mit ihren gewaltigen Holzdalben sind hervorragende Plätze für die Angelei. Meine Lieblingsplätze sind die Audorfer Fähre, die Breiholzer Fähre, die große Weiche hinter der Lotsenstation bei Rendsburg und der Bereich der sogenannten Rader Insel. Topköder auf Aal des NOK sind Ostseegarnelen – die man sich aber selbst fangen muss –, Tebo-Raupen, Bienenmaden oder Tauwurm. Die beste Zeit, um die leckeren Schlängler zu fangen, ist der Tag – nicht die Nacht. Ich fange am besten von gegen 7.00 Uhr morgens bis ungefähr 17.30 Uhr nachmittags.

Wenden wir uns nun dem Zander zu. Der Bestand an Zandern im NOK ist sehr gut. Wer allerdings pausenlos Fische jenseits der 80-Zentimeter-Marke fangen möchte, der ist hier fehl am Platz. Die durchschnittliche Länge der Zander liegt bei ca. 50–60 cm und ein Fang von drei bis vier Fischen pro Tag ist durchaus realistisch, wenn die munteren Gesellen in Beißlaune sind. Geangelt wird hauptsächlich mit Spinnrute und Gummifisch oder Twister in Gelb oder Weiß am Tag, aber auch Naturfarben wie Braun und Beige sind durchaus fängig. Bei dieser Methode werden nacheinander alle erfolgversprechenden Stellen abgeklopft, bis man die Stachelritter an der dritten oder vierten Stelle gefunden hat.

Wer's gemütlich mag, fischt mit totem Köderfisch am Grund oder mit einer Posenmontage. Wichtig bei diesen beiden Methoden ist ein überlanges Vorfach aus monofiler Schnur. Zwei bis zweieinhalb Meter sind durchaus in Ordnung. Dieses lange Vorfach sorgt dafür, dass der Köder sehr natürlich, je nach Strömung am Grund, hin und her treibt. Die Größe der Köderfische liegt üblicherweise bei fast zehn Zentimetern. Gute Plätze sind auch hier Fähren, Weichen oder andere strukturreiche Stellen wie zum Beispiel Brückenpfeiler, Anleger oder andere Ausbuchtungen im Kanal wie die Eiderschleuse bei Steinwehr. Wer Karpfen liebt, sucht sich am besten Plätze wie den Rendsburger Hafen, in dem Getreide und Raps geladen beziehungsweise gelöscht werden. Auf Friedfische kann fast überall geangelt werden. Experten sitzen meist in den etwas strömungsärmeren Weichen und fischen mit der Feederrute erfolgreich auf Plötzen, Brassen und Co. Um eine Kanalkarte zu erwerben, sollte man in einem Verein organisiert sein. Für Holsteiner ist dies Pflicht, Angler aus anderen Bundesländern können für vier Wochen einen Gastschein bekommen.

Räucherfischcreme auf Crostini

Zubereitungszeit: 8 Minuten

100 g Crème fraîche
70 g weiche Butter
20 g Schnittlauch, sehr fein geschnitten
1 TL Zitronensaft
200 g Räucherfische* (Aal, Makrele, Forelle, Felchen, Heilbutt, Schillerlocken)
Salz und Pfeffer aus der Mühle

1 Baguette
1 EL Olivenöl
1 Knoblauchzehe, geschält und halbiert

1 Crème fraîche mit der weichen Butter in einer Schüssel glatt rühren, Schnittlauch und Zitronensaft zugeben und untermischen. Die Räucherfische mit der Hand in kleine Stücke zupfen und mit dazu geben, alles nochmals gut verrühren und mit Salz und Pfeffer abschmecken. Die Crème für eine Stunde kalt stellen.

2 Vom Baguette acht bis zwölf Scheiben abschneiden und in einer Pfanne mit Olivenöl von einer Seite anrösten. Baguettescheiben herausnehmen, mit der halbierten Knoblauchzehe abreiben und auf Tellern verteilen.

3 Die gekühlte Räucherfischcreme auf das geröstete Brot streichen und servieren.

Tipp: *Die Räucherfischcreme eignet sich außer als Brotaufstrich auch bestens als Vorspeise mit etwas Salat.*

* Drei verschiedene Räucherfische reichen vollkommen, einer der fetteren (Aal, Makrele oder Schillerlocken) sollte aber auch dabei sein. Wo nötig, die Fische häuten und entgräten.

„Crazy Noodles" mit Renken

 Zubereitungszeit: 20 Minuten

300 g Makkaroni
1 Kopf Chinakohl
1 kleine Schale Kirschtomaten (250 g)
100 g Chorizo
1 Bund Koriandergrün
2 Knoblauchzehen, geschält und
durch die Presse gedrückt
6 EL schwarze Sesamsamen
1 EL Sesamöl
6 EL Olivenöl
2 EL weißer Balsamico
Salz und Pfeffer aus der Mühle

4 Renkenfilets
2 EL Butter

1 Becher saure Sahne (200 g)
4 schöne Korianderzweige für die
Garnitur
4 kurze Rosmarinzweige

Zusätzlich benötigtes Material:
4 Einweckgläser von ca. 500 ml
Volumen

1 Die Makkaroni in Salzwasser al dente kochen und mit kaltem Wasser abschrecken, anschließend im Sieb abtropfen lassen und in mundgerechte Stücke schneiden, dabei acht Makkaroni ganz lassen und zur Seite stellen. Die in Stücke geschnittenen Nudeln in eine Schüssel geben.

2 Den Chinakohl in feine Streifen schneiden, die Kirschtomaten vierteln, die Chorizo ebenfalls in dünne Streifen schneiden und alles zu den geschnittenen Nudeln geben. Koriandergrün grob hacken, mit dem durchgedrückten Knoblauch und den Sesamsamen zu den Nudeln geben, mit Sesam- und Olivenöl sowie dem Essig würzen und gut vermengen, mit Salz und Pfeffer abschmecken. Den Salat zehn bis fünfzehn Minuten ziehen lassen, danach nochmals abschmecken.

3 In einer Pfanne die Renkenfilets in der schäumenden Butter von beiden Seiten je ein bis zwei Minuten braten. Mit Salz und Pfeffer würzen, Pfanne vom Feuer nehmen.

4 Die acht beiseite gelegten ganzen Makkaroni in etwas Butter und Wasser heiß werden lassen und je zwei davon in ein Einweckglas geben, so dass sie sich an der Außenwand entlang schlängeln. Mit dem vorbereiteten Makkaronisalat auffüllen, zum Schluss je ein gebratenes Renkenfilet obenaufsetzen und mit saurer Sahne, etwas Koriandergrün und Rosmarin garnieren.

Tipps: *Statt schwarzen Sesamsamen können helle, geschälte Sesamsamen verwendet werden. Die schwarzen machen das Gericht farblich noch attraktiver.*
Als Alternative zum weißen Balsamico kann auch ein milder Weißweinessig verwendet werden.
Eine schöne Garnitur sind auch knusprig ausgebackene, dünne Chorizoscheiben.

Dreierlei vom Rotaugen-Matjes

 Zubereitungszeit: 20 Minuten

6 Rotaugen-Matjesfilets*, entgrätet

1 Schalotte
1 Birne, z.B. Abate Fetel
1 EL Dill, fein geschnitten
Pfeffer aus der Mühle
4 Scheiben Pumpernickel

100 g saure Sahne
1 Schalotte
4 Cornichons
1 TL Kapern, abgetropft
1 EL Petersilie, gehackt
Salz und Pfeffer aus der Mühle

2 Eier, hart gekocht
50 g Crème fraîche
1 reife Avocado
1 TL Limettensaft
1 Chilischote, entkernt
1 EL Basilikum, fein geschnitten
Salz aus der Mühle

Kapern, Petersilie, Basilikum und Dill
zum Garnieren

Zusätzlich benötigtes Material:
1 runder Metallausstecher von ca. 6 cm
Durchmesser

1 Zwei Matjesfilets in ganz kleine Würfel schneiden und in eine kleine Schüssel geben. Die Schalotte und die Birne schälen, fein würfeln und zugeben, den fein geschnittenen Dill ebenfalls hinzufügen und das Tatar mit etwas Pfeffer würzen. Gut vermengen und ein paar Minuten ziehen lassen. Pumpernickelscheiben mit einem Ausstecher ausstechen. Das Brot mit dem Ausstecher jeweils mit Tatar füllen, Pumpernickel von unten nach oben herausdrücken und auf Teller geben.

2 Zwei Matjesfilets halbieren und jeweils eine Hälfte auf Teller legen. Die saure Sahne in eine kleine Schüssel geben. Schalotte in Streifen schneiden, Cornichons fein hacken und beides mit den Kapern und der gehackten Petersilie zur sauren Sahne geben und gut vermischen. Mit Salz und Pfeffer abschmecken und die Filets mit der Sauce überziehen.

3 Die Eier in kleine Würfel schneiden und mit der Crème fraîche in eine Schüssel geben. Die Avocado halbieren, die eine Hälfte würfeln, mit Limettensaft beträufeln und zu den Eiern geben. Von der Chilischote ca. ein Viertel fein hacken und zur Masse geben. Basilikum fein schneiden und unterrühren, die Füllung mit Salz abschmecken. Die restlichen beiden Filets dick mit der Masse bestreichen und aufrollen. Die Rollen mit einem scharfen Messer quer halbieren und auf die Teller verteilen.
Nach Belieben mit Kapern und Kräutern garnieren und servieren.

Tipp: *Avocadofleisch läuft kaum an, wenn der Kern in der Frucht verbleibt bzw. bei einer Guacamole mit in die Mischung gelegt wird. Mit Klarsichtfolie bedecken, evtl. die angelaufene Schicht (die nach längerer Lagerung nicht zu vermeiden ist) dünn mit einem Messer abtragen.*

* Tipps zur Herstellung von Matjes auf den Seiten 6/7.

Steffen zeigt wie's geht So roll ich mir den Wrap!

Frühlingsrolle von Saibling und Eisbergsalat

Zubereitungszeit: 15 Minuten

2 Saiblingsfilets
Salz und Pfeffer aus der Mühle
1 EL Butter
1 Knoblauchzehe, halbiert
1 Stängel Zitronengras, etwas
zerquetscht

1 Kopf Eisbergsalat
(nur die inneren Blätter)
8 Blätter Frühlingsrollenteig
1 Eiweiß

3 EL Olivenöl
1 EL weißer Balsamico
2 Schalotten, fein gewürfelt
1 TL Meerrettich, gerieben
10 g Petersilie, gehackt
Salz und Pfeffer aus der Mühle

1 Bund Bärlauch (oder 2 EL Bärlauchpesto aus dem Glas)
3 EL Olivenöl
1 Becher Schmant (200 g)
Salz und Pfeffer aus der Mühle

Zusätzlich benötigtes Material:
1 Bunsenbrenner
1 Mörser

1 Die Saiblingsfilets würzen und in einer beschichteten Pfanne mit etwas Butter, dem Knoblauch und dem Zitronengras glasig anschwitzen. Die Pfanne vom Feuer nehmen und zur Seite stellen.

2 Den Eisbergsalat waschen, dabei die Blätter ganz belassen, gut abtropfen lassen und mit Küchenpapier trocken tupfen. Jeweils zwei Frühlingsrollenteigblätter übereinander legen, den oberen Rand mit etwas Eiweiß bepinseln. Den Teig mit zwei Lagen Salatblättern belegen, darauf je ein Saiblingsfilet geben und das Ganze vorsichtig einrollen, so dass das mit Eiweiß bepinselte Stück die Rolle verschließt. Die Frühlingsrollen mit dem Bunsenbrenner rundum abflämmen, damit sie leicht geröstet werden.

3 Olivenöl mit Balsamico, fein gewürfelten Schalotten, Meerrettich und Petersilie verrühren, die Vinaigrette mit Salz und Pfeffer würzen.

4 Den Bärlauch klein schneiden, mit Olivenöl, Salz und Pfeffer im Mörser zu einem Pesto vermengen. Den Schmant mit Salz und Pfeffer würzen.

5 Zum Servieren die Frühlingsrollen in je zwei bis drei Stücke schneiden und auf Teller geben. Mit der Vinaigrette beträufeln, zum Schluss mit einem großen Klecks Schmant sowie etwas Bärlauchpesto garnieren und servieren.

Tipps: Ein köstliches Fingerfood, das auf Partys oder bei einem kleinen Empfang bei den Gästen immer gut ankommt. Zitronengras und Knoblauch geben den Fischfilets ihr herrliches Aroma, anschließend werden sie entfernt.
Übrigen Eisbergsalat mit Vinaigrette servieren:
4 EL gutes Olivenöl mit 2 EL mildem Weißweinessig, Salz und Pfeffer aus der Mühle vermischen und über die mundgerecht gezupften Salatblätter gießen.

Der Weißbrunnsee im Ultental

Wer im Sommer in absoluter Abgeschieden-heit hoch oben in den Südtiroler Bergen ungestört angeln möchte, der findet am Weiß-brunnsee in der Nähe von St. Gertraud ein Revier, wie ich es selten erlebt habe. In einer Höhe von 1900 Metern gelegen, bietet dieser See Stillwas-serangelei sowohl für den Fliegenfischer als auch für den Spinnfischer. Auch das Angeln mit dem Sbirolino ist erlaubt. Bachforellen, Regenbogner, Seesaibling und Seeforelle tummeln sich im kal-ten Wasser des Sees, der über mehrere Bäche und einen malerischen Wasserfall mit sauerstoffrei-chem Wasser gespeist wird. Frei umherstreifende Haflinger vermitteln dem Besucher grenzenlose Freiheit. Ich benutze das Wort Paradies nur un-gern, wenn es um Angelreviere geht, aber hier ist der Begriff durchaus angebracht. Der erste Hotspot befindet sich gleich unterhalb der Berg-station, in der es ein Restaurant gibt. Zwei Bäche münden hier in den See, der in diesem Bereich durch eingespültes Sediment relativ flach ist und dadurch für Fliegenfischer optimale Bedingungen bietet.

Bei unseren Dreharbeiten fand ich nach einigen Stunden heraus, dass kleine Nassfliegen und Emerger, knapp unter der Oberfläche geführt, die Topköder sind. Braun oder braun-grau sollten die Fliegen sein in Größe 14 und 16. Es ist nicht nötig, schon im Morgengrauen mit der Fischerei zu beginnen. Am späten Vormittag fingen wir die ersten Fische – und nach einer gemütlichen Pause zur Mittagszeit nahm die Beißfreudigkeit der Fische eher noch zu. Geht man von den Einläufen der beiden Bäche nach rechts um den See in Richtung Wasserfall, wird das Gelände, bedingt durch die felsige Struktur, etwas schwie-rig. Watfischen ist hier nicht mehr möglich, zu steil fällt das Ufer ab. Wer aber vom Ufer aus mit Spinnrute oder Sbirolino fischt, hat durchaus Chancen auf eine der großen Seeforellen, die im Weißbrunnsee zu Hause sind. Streamer, Rubber-legfliegen und Spinner in Rot-Schwarz fangen hier in schöner Regelmäßigkeit makellose Fische. Da von den Felsen oft Ameisen ins Wasser fallen, reichen dem Fliegenfischer kurze Rollwürfe in

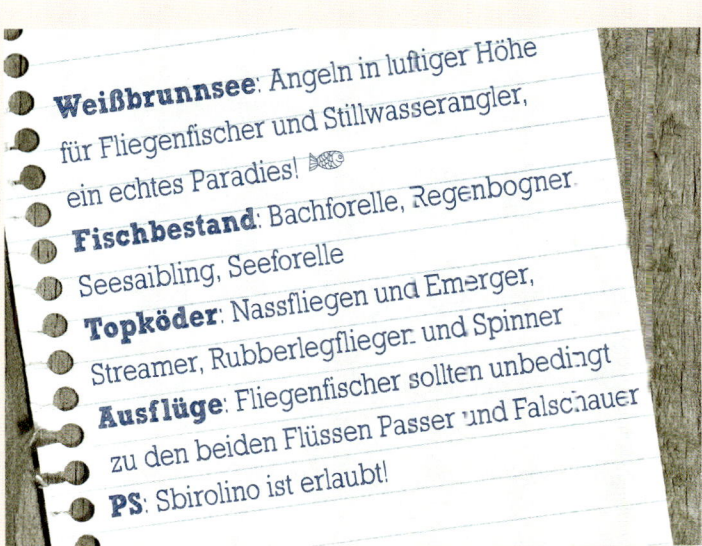

Weißbrunnsee: Angeln in luftiger Höhe für Fliegenfischer und Stillwasserangler, ein echtes Paradies!

Fischbestand: Bachforelle, Regenbogner, Seesaibling, Seeforelle

Topköder: Nassfliegen und Emerger, Streamer, Rubberlegflieger und Spinner

Ausflüge: Fliegenfischer sollten unbedingt zu den beiden Flüssen Passer und Falschauer

PS: Sbirolino ist erlaubt!

die ufernahen Bereiche, um die Fische zu erreichen. Eine Black Ant Größe 14 am 0,14-Vorfach ist hier kaum zu toppen. Der Bereich unmittelbar um den Wasserfall herum ist Sperrgebiet. Wer mit der Sbirorute fischt und von der markierten Grenze aus wirft, kann auch große Teile dieses Gebietes abfischen, denn gerade hier halten sich oft viele größere Fische auf. Geht man in die entgegengesetzte Richtung, also links von den Bacheinläufen um den See, fällt dem versierten Angler eine große Flachwasserzone auf, die sich einer Landzunge gleich in den See hineinschiebt. Am Ende dieser Zunge, wo das Wasser tiefer wird, habe ich morgens die ersten Fische steigen sehen. Fliegenfischer müssen an dieser Stelle recht weit in den See hinauswaten, um die dort steigenden Fische anwerfen zu können. Wer jedoch mit der Spinnrute an dieser Stelle fischt, findet optimale Bedingungen und kann die Scharkanten beiderseits der Zunge perfekt befischen. Da wir bei unseren Dreharbeiten nur einen Tag zum Fischen zur Verfügung hatten,

konnte ich leider den hinteren Bereich des Sees nicht erkunden. Aber ich bin mir sicher, dass es auch dort etliche Stellen gibt, die für einige Überraschungen gut sind. Mein Freund Robert Pegoretti, der unweit des Sees in dem malerischen Örtchen Gargazon seine „Pension Sonnheim" betreibt, kennt den See wie seine Westentasche und gibt jederzeit Tipps zur Fischerei im Weißbrunnsee. Noch ein kleiner Tipp für die Freunde der Fliegenfischerei: Die beiden Flüsse Passer und Falschauer sind neben dem See ein absolutes Muss. Alles in Allem kann ich Südtirol, speziell die Region um Meran und Bozen, nur wärmstens empfehlen. Glaubt mir, ein Besuch lohnt sich.

Crostini mit mariniertem Seesaibling, Spargel, Kurkuma und Kaffirlimettenblättern

 Zubereitungszeit: 4 Stunden zum Marinieren, restliche Zubereitung 8 Minuten

1 **Seesaibling, filetiert und entgrätet***
2 **Bund Dill, gehackt**
40 g **Salz**
30 g **Zucker**
1 EL **weiße Pfefferkörner, im Mörser grob zerstoßen**

200 g **Thai-Spargel (dünner grüner Spargel)**
etwas Olivenöl zum Braten
1 EL **Butter**
2 **Kaffirlimettenblätter**
1 TL **Kurkuma (Gelbwurz)**
Salz aus der Mühle

8 **Baguette- oder Ciabattabrotscheiben**
etwas Olivenöl zum Braten
1 **Knoblauchzehe, geschält und halbiert**

4 **Dill- oder Petersilienzweige**

....
* Wie Seesaibling einfach, schnell und gründlich filetiert wird, zeigen die Schritt-für-Schritt-Abbildungen auf der folgenden Seite.

1 Den Saibling auf eine kleine Platte legen. Den gehackten Dill mit Salz, Zucker und Pfeffer vermengen und über die beiden Filets verteilen, mit Frischhaltefolie bedecken und für ca. vier Stunden kalt stellen.

2 Den Spargel im unteren Drittel schälen und anschließend in Stücke schneiden, die etwas größer als die Brotscheiben sind. In einer Pfanne in etwas Olivenöl scharf anbraten, dann die Hitze etwas reduzieren, die Butter und die Limettenblätter zugeben, mit Kurkuma und Salz würzen und den Spargel zwei bis drei Minuten weiter braten.

3 Die Brotscheiben in etwas Olivenöl hellbraun rösten, mit der Knoblauchzehe abreiben und die Crostini auf Teller verteilen.

4 Die marinierten Sailblingsfilets abwaschen, mit Küchenpapier trockentupfen und rundum mit etwas Olivenöl einreiben. Das Fischfleisch mit einem Messer hauchdünn aufschneiden.

5 Gebratenen, lauwarmen Spargel auf den Crostini verteilen und mit marinierten Saiblingsscheiben belegen, nach Belieben mit etwas Dill oder Petersilie garnieren.

Tipp: *Zu diesem Rezept passt auch hervorragend Wilder Spargel, der hierzulande von Mai bis Juni Saison hat und zwischen Weinreben wächst.*

Steffen zeigt wie's geht Saibling filetieren

I Saibling hinter den Kiemen leicht schräg und halbrund bis zur Rückengräte mit einem Sägemesser oder einem Messer mit stabiler Klinge einschneiden. II Das Messer vom Kopfende Richtung Schwanzflosse vorsichtig entlang der Gräten führen III Mit dem Zeigefinger den Bauchlappen etwas anheben damit man nicht in den Bauch schneidet und sauber an der Rückengräte entlang schneiden kann IV Vorsichtig bis nach hinten durchziehen. V + VI Das ausgelöste Filet jetzt auf die Hautseite legen und mit einem scharfen Messer die Bauchgräten abschneiden. VII Zum Schluss die Fett- und ggf. die Rückenflosse abschneiden und die Gräten ziehen – fertig!

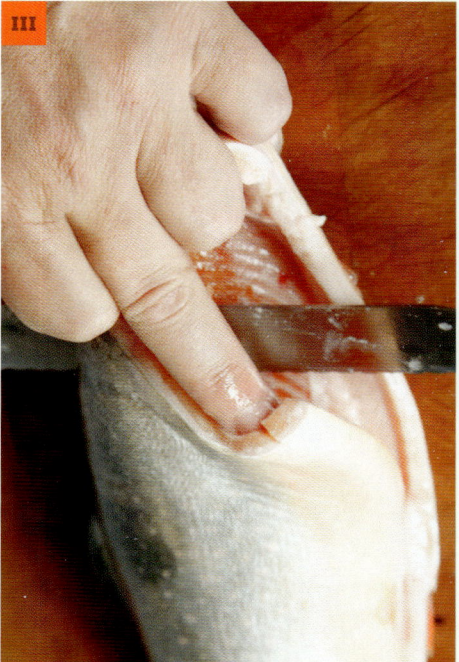

„Strammer Max" mit Schwertfisch und Vanille-Lauch

 Zubereitungszeit: 15 Minuten

4 Vollkornbrotscheiben
etwas Olivenöl zum Braten
1 Knoblauchzehe, leicht gequetscht
1 Rosmarinzweig

8 Lauchzwiebeln
1 Vanillestange
1 EL Butter
4 Wachteleier

4 Schwertfischfilets à 100 g
1 EL Olivenöl
Salz und Pfeffer aus der Mühle

1 Das Vollkornbrot in Olivenöl mit Rosmarin und Knoblauch zusammen von beiden Seiten anbraten, anschließend auf Küchenpapier abtropfen lassen.

2 Die Lauchzwiebeln und Vanillestange längs halbieren, dabei das Mark aus der Vanillestange kratzen und alles zusammen in einer Pfanne mit der Butter bei kleiner Hitze glasig dünsten, ohne die Zwiebeln Farbe annehmen zu lassen. Lauchzwiebeln zur Seite schieben, die Wachteleier wie Spiegeleier in die Pfanne schlagen. Zur Seite stellen.

3 Den Schwertfisch in einer heißen Pfanne mit Olivenöl von beiden Seiten anbraten, dann die Pfanne zur Seite stellen und den Fisch noch etwa zwei Minuten in der Pfanne ruhen lassen. Mit Salz und Pfeffer würzen.

4 Zum Servieren die gerösteten Brotscheiben auf Teller verteilen. Die Lauchzwiebeln darübergeben und mit je einer Scheibe Schwertfisch bedecken. Mit den rund ausgestochenen Wachtelspiegeleiern garnieren und servieren

„Strammer Max" mit Schwertfisch und Vanille-Lauch, Rezept Seite 55

In Zitronenpfeffer gebratener Thunfisch mit Wakame-Glasnudel-Salat und Salsa verde

 Zubereitungszeit: 20 Minuten

60 g getrocknete Wakame-Algen
50 g Glasnudeln
10 g Koriandergrün, fein geschnitten
1 Thai-Chili, entkernt und fein gewürfelt
2 EL Reisweinessig
3 EL Sonnenblumenöl
1 EL Sesamöl
Meersalz aus der Mühle

50 g Blattpetersilie
25 g Kerbel
10 g Rosmarin
10 g Thai-Basilikum
1 Sardellenfilet
1 Spritzer Zitronensaft
50 g Olivenöl
Meersalz und Pfeffer aus der Mühle

400 g Thunfischfilets
100 g Szechuanpfeffer,
im Mörser leicht zerstoßen
Meersalz aus der Mühle
Olivenöl zum Braten

Zusätzlich benötigtes Material:
1 Mörser

1 Die Wakame-Algen etwa zehn Minuten in kaltem Wasser quellen lassen, anschließend gut ausdrücken und in eine Schüssel geben, das Einweichwasser weggießen. Die Glasnudeln mit aufgekochtem Wasser begießen und zwei bis drei Minuten in einer Schüssel ziehen lassen. Die weichen Nudeln in ein Sieb schütten, kurz unter fließendem kalten Wasser abschrecken, gut abtropfen lassen und zu den Algen geben. Jetzt die restlichen Zutaten hinzufügen, alles gut vermengen und mit Meersalz abschmecken.

2 Für die Salsa verde alle Kräuter waschen und grob hacken, das Sardellenfilet fein hacken, mit den Kräutern, Zitronensaft und Olivenöl im Mörser zermusen, mit Meersalz und Pfeffer abschmecken.

3 Den Thunfisch leicht salzen, im Szechuanpfeffer wenden, diesen leicht andrücken, damit er auf beiden Seiten einen schönen Pfeffermantel erhält. In heißem Olivenöl kurz von beiden Seiten scharf anbraten, danach zwei Minuten in der Pfanne ruhen lassen. Der Fisch sollte im Inneren roh und saftig bleiben.

4 Glasnudel-Algensalat auf Teller verteilen, daneben die Salsa verde geben. Den Thunfisch in Scheiben schneiden und auf der Sauce anrichten.

Tipps: *Statt die Glasnudeln zu kochen, ist es schonender, sie wie oben beschrieben zuzubereiten, denn so können sie nicht verkochen und es geht genauso schnell.*
Wer's weniger scharf möchte, verwendet statt Thai-Chili einfach Sweet Chili Sauce oder nur Pfeffer.

Steffen zeigt wie's geht Rolle auf Japanisch

Waller-Gurken-Sushi

 Zubereitungszeit: ca. 40 Minuten

3 Tassen **Sushi-Reis (Rundkornreis)**
4 Tassen **Wasser**
2 EL **Zucker**
1 EL **Salz**
4 EL **Reisessig**

200 g **Waller-/Welsfilet**
Salz und Pfeffer
etwas **Olivenöl**

1 **Salatgurke**

1 TL **Wasabipaste**
4 Blätter **Nori-Algen**

50 g **eingelegter Ingwer**
1 kleine Flasche **Sojasauce**
Wasabipaste (nach Belieben)

Zusätzlich benötigtes Material:
2 **Bambusmatten zum Rollen**

Tipp: *Um zu verhindern, dass die Bambusmatte mit Reis verklebt, vor dem Belegen die Bambusmatte mit Frischhaltefolie überziehen.*

1 Den Reis in einem Sieb kurz waschen, abtropfen lassen, mit dem Wasser und etwas Salz aufkochen. Dann auf kleinster Stufe 15 Minuten quellen lassen, bis die Flüssigkeit verkocht ist. Den Topf mit dem Reis vom Feuer nehmen und den Reis zehn Minuten ziehen lassen. Dann das Salz und den Zucker zugeben und gut mit dem Essig verrühren. In eine große Schüssel umfüllen und mit einem Spatel auflockern. Der Reis sollte jetzt möglichst schnell abkühlen, die Japaner verwenden hierfür einen Fächer, um den Reis durch den Luftzug schneller abzukühlen. Hilfreich ist es auch, die Schüssel ein paar Minuten in den kalten Bach oder See zu halten.

2 Das Fischfilet salzen, pfeffern und längs in vier Streifen schneiden. In der Pfanne mit Öl kurz scharf anbraten, von der Hitze nehmen und zwei Minuten ruhen lassen.

3 Die Schale der Gurke entfernen. Nun die Gurke der Länge nach mit einem scharfen Messer wie in der Abbildung links dargestellt am Stück dünn schneiden. Hierfür bedarf es etwas Übung und eines sehr scharfen Messers oder groben Kartoffelschälers.

4 Ein Noriblatt auf die Bambusmatte legen, darauf gleichmäßig den Reis verteilen und die dünnen Gurkenstreifen längs darauf legen. Etwas Wasabi auf die Gurkenmatte streichen und mit einem gebratenen Wallerstreifen belegen, der ebenfalls leicht mit Wasabi versehen wird. Dann das Ganze fest einrollen. Auf die gleiche Weise weitere Sushirollen herstellen.

5 Zum Servieren die Rollen mit einem scharfen Messer in Stücke schneiden, auf einer Platte oder auf Teller anrichten. Dazu passt eingelegter Ingwer, Sojasauce und Wasabi.

Waller-Gurken-Suhsi, Rezept Seite 61

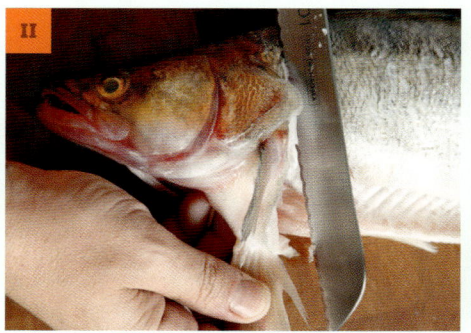

Steffen zeigt wie's geht Zander filetieren

II + III Mit einem Sägemesser hinter den Kiemen leicht schräg und der Kopfform folgend bis zur Mittel-gräte einschneiden. **IV + V** An der Mittelgräte bis zum Schwanz entlang schneiden. **VI + VII** Mit einem Messer, das eine glatte und scharfe Klinge besitzt, die Bauchgräten mit einem Schnitt entfernen.
VIII + IX Am Schwanzende mit einem kurzen Schnitt die Haut vom Fleisch lösen und dann die Haut zwischen Daumen und Zeigefinger fixieren. Nun das Messer vorsichtig entlang der Haut führen und diese vom Fleisch trennen.

Zander-Mango-Crustade

Zubereitungszeit: 15 Minuten

150 g **Zanderfilet**
1 **Mango**
½ EL **Olivenöl**
1 Bund **Koriandergrün, gehackt**
je 1 Prise **Salz und Cayennepfeffer**

5 Blätter **Frühlingsrollenteig**
½ l **Pflanzenöl zum Frittieren**

Tipp: *Die Crustades eignen sich auch hervorragend als feine Suppeneinlage, z.B. für eine Kürbissuppe.*

1 Den Zander am besten vom Fischhändler entgräten lassen oder mit einer kleinen Pinzette oder Elektrozange die Gräten sorgfältig entfernen. Den Fisch erst in dünne Scheiben, dann in Streifen und schließlich in sehr kleine Würfel schneiden. Zanderwürfel in eine Schüssel geben. Die Mango schälen, entkernen, das Fruchtfleisch ebenfalls fein würfeln und zum Fisch geben. Nun das Olivenöl, den gehackten Koriander, Salz und etwas Cayennepfeffer hinzufügen und gut vermengen.

2 Die Frühlingsrollenteigblätter übereinander legen und einrollen. Mit einem scharfen Messer in sehr dünne Streifen schneiden, diese etwas auflockern und in vier Portionen teilen. Je ca. einen Esslöffel von dem Zandertartar zu Buletten formen, auf die ausgebreiteten Teigstreifen geben und darin einwickeln. Die Crustades in siedendem Öl kurz goldgelb frittieren – das geht sehr schnell! – und auf etwas Küchenpapier abtropfen lassen.

3 Als Beilage passt ein zarter, grüner Blattsalat.

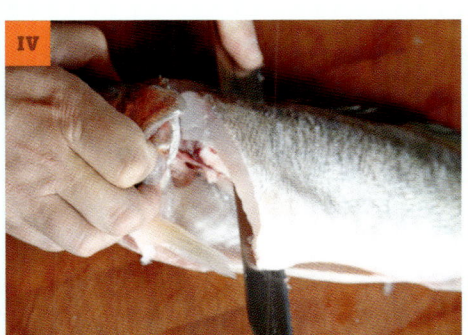

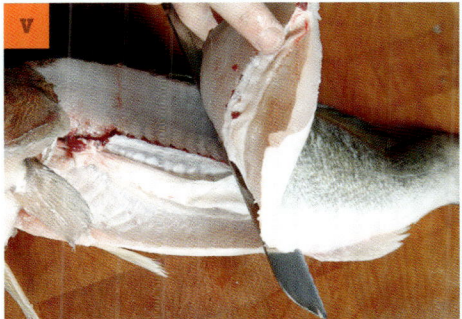

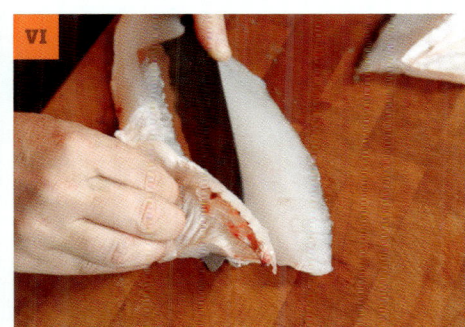

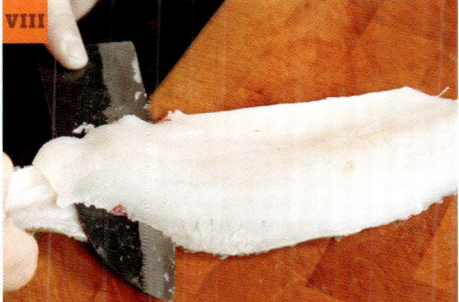

HAUPTSPEISEN

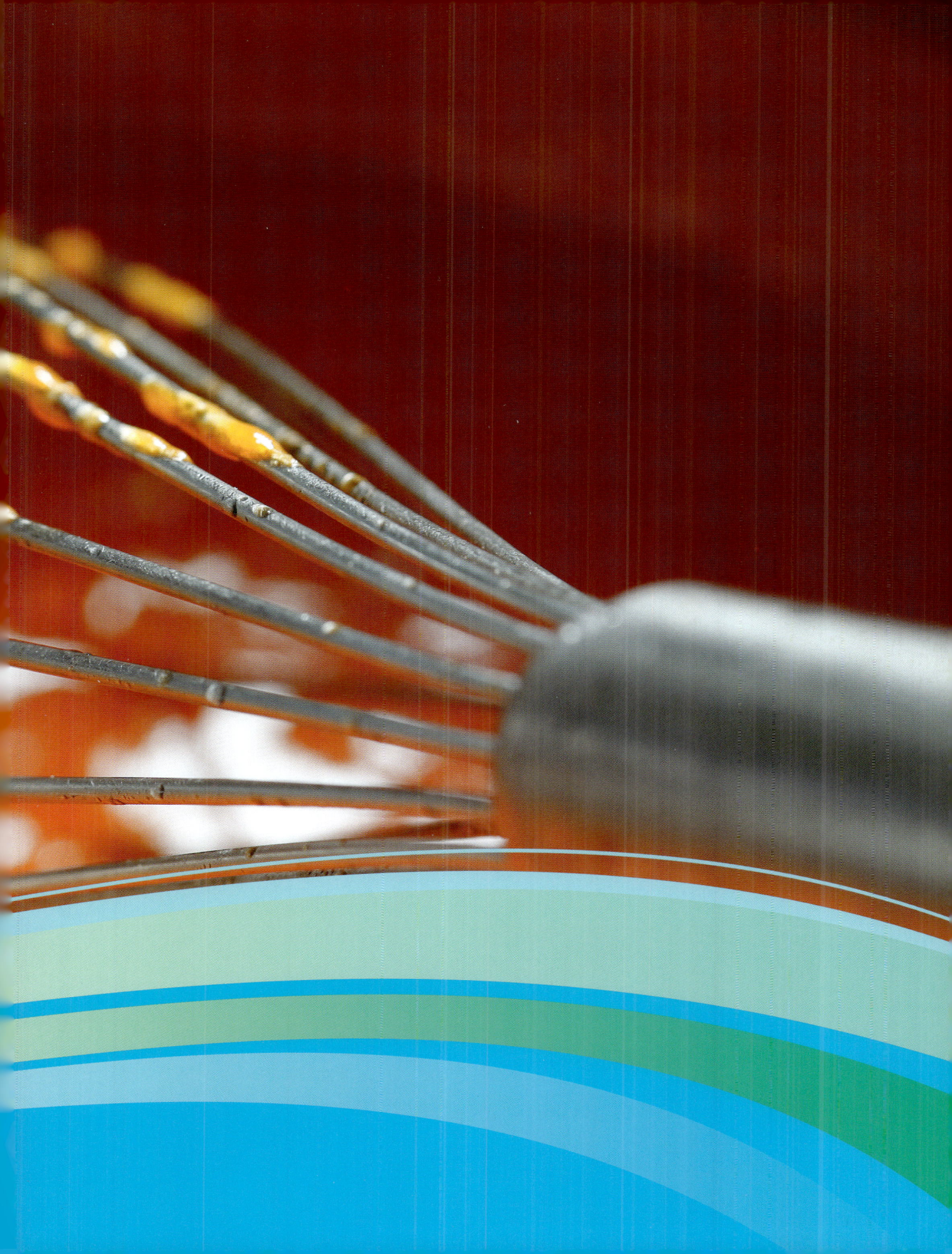

Bachforelle in Kräuterbutter gebraten mit Kartoffel-Sellerie-Püree

Zubereitungszeit: 25 Minuten

6 **Kartoffeln**
1 **Knollensellerie**
1 TL **Salz**
250 ml **Sahne**
2 EL **Butter**
Salz und Pfeffer aus der Mühle

1 TL **Thymian, gehackt**
1 Bund **Petersilie, gehackt**
1 EL **Basilikum, gehackt**
1 TL **Rosmarin, gehackt**
1 **Knoblauchzehe, geschält und gehackt**
1 **Chilischote, entkernt und fein gehackt**
200 g **weiche Butter**
Salz aus der Mühle

4 **Bachforellenfilets**

Zusätzlich benötigtes Material:
Kartoffelpresse oder Passe-Vite (Flotte Lotte)

1 Die Kartoffeln und den Sellerie schälen, klein schneiden und beides mit etwas Salz in einen Topf geben. Mit Wasser bedecken und weich kochen. Wenn alles weich ist, das Wasser abgießen und das Gemüse mit der Sahne auffüllen. Einmal aufkochen lassen und das Ganze entweder durch die Presse drücken oder durch die Flotte Lotte (Passe-Vite) drehen. Zum Schluss die Butter unterrühren und abschmecken.

2 Alle Kräuter mit dem Knoblauch, dem Chili und der weichen Butter in eine Schüssel geben, salzen und gut vermengen, anschließend für ein bis zwei Stunden kühl stellen, damit alles gut durchziehen und fest werden kann.

3 Die Forellenfilets salzen und in der vorbereiteten Kräuterbutter langsam und vorsichtig von beiden Seiten braten.

4 Zum Servieren das Kartoffel-Sellerie-Püree in Nocken auf Teller geben, mit je einem Forellenfilet belegen und dieses mit der geschmolzenen Kräuterbutter aus der Pfanne übergießen.

Goiserer Traun

Die Traun gilt unter Fliegenfischern als Spitzengewässer in Europa. Nicht umsonst haben Fischer wie Charles Ritz oder Ernest Hemingway diesen Fluss beangelt. Gelegen im Salzkammergut mitten in den Alpen, bietet die Traun eine traumhafte Fliegenfischerei vor einer märchenhaften Kulisse. Ich selbst befische regelmäßig den Bereich von Steeg bis Bad Goisern und fange immer wieder Äschen und Forellen der Extraklasse. Wer aber glaubt, er müsse – egal wo – mal eben seine Fliege aufs Wasser legen, um Äschen jenseits der 50-Zentimeter-Marke zu fangen, der irrt gewaltig. Die Traun ist durchaus launisch. Wo gestern noch jede Menge Fische stiegen, kann bedingt durch Wetterumschwung oder gestiegenen Wasserstand am nächsten Tag völlige Beißflaute herrschen. Ist das Wetter jedoch stabil und trocken, der Wasserstand gleichbleibend und die Insekten aktiv, dann kann ein Fliegenfischer wahre Sternstunden an der Goiserer Traun erleben.

Fangen wir mit den Äschen an: Meine absolute Topstelle ist der flache Bereich hinter der Brücke von Görb. Im Hochsommer fange ich frühmorgens gegen 7 Uhr bis ca. 12 Uhr mittags meine Fische, vorzugsweise mit einer Fliege, die in Österreich „Hexerl" genannt wird. Dieses unscheinbare Muster mit gelber Grundwicklung, schwarz gepalmert und auf einem Haken der Größe 16 gebunden, hat mir immer wieder schöne Fische gebracht. Behutsam präsentiert, fängt diese Fliege schon im flachen Wasser Äschen über Äschen. Ich bin jedes Mal wieder erstaunt, wie kampfstark selbst die kleineren Fische der

Goiserer Traun: Angeln auf Hemingways Spuren, Spitzengewässer für Fliegenfischer

Fischbestand: Äschen, Forellen

Topköder: für die Äschen „Hexerl", für die Dämmerung Fliege aus Pfauengras; für die Forelle CDC-Fliege, CDC-Emerger oder Buck Caddis

Ausflüge: Einkehr beim „Steegwirt"

Besonderheiten: kampfstarke Fische

Traun sind. Am 0,12- bis 0,13-Vorfach ist vorsichtiges Ausdrillen der Fische angesagt und eine leichte Rute der Klasse vier das optimale Gerät. Gegen Mittag wechsle ich häufig an den Anfang der Strecke bei Steeg. Nicht unbedingt wegen der Fische, sondern wegen des leckeren Essens beim „Steegwirt", den man als Gastangler unbedingt aufsuchen sollte. Nach dem Essen fische ich meist eine Runde direkt hinter dem Gasthaus mit der Nymphe die Gumpen und Rinnen aus und habe auch da schon so manche Fahnenträgerin überlisten können. Die örtlichen Spezialisten fischen dort meist mit einer Tandemmontage aus einer schweren und einer leichten Nymphe. Dabei dient die große schwere Nymphe als Gewicht, um die Montage auf Tiefe zu bringen, und die leichte kleine Nymphe, meist eine

Pleasant Tail Größe 16–18, fängt den Fisch. Die spannendste Zeit des Tages ist jedoch der späte Nachmittag und der sogenannte Abendsprung in der Dämmerung.

Also begebe ich mich gegen 16 Uhr wieder auf meinen Lieblingsplatz unterhalb der Görber Brücke und fische, solange die Sonne noch scheint, mit meinem geliebten „Hexerl". Der erste Stieg der wirklich kapitalen Fische liegt meist zwischen 16.30 und 17.30 Uhr Danach machen die Großen eine Pause, um dann gegen 19 Uhr erneut an die Oberfläche zu steigen. Jetzt wird vor allem der dunkle Bereich am gegenüberliegenden Prallufer von mir befischt, denn dort sind die wirklich Großen der Traun zu Hause. Meine Fliege für die Dämmerung ist jetzt ein Muster aus Pfauengras, wieder schwarz

gepalmert auf einem 14er-Haken und mit einer weißen Sichthilfe versehen, die es mir erlaubt, auch während der rasch hereinziehenden Dämmerung noch die Drift der Fliege zu verfolgen. Jetzt, kurz vor der Dunkelheit, steigen überall große Fische und die magische Halbmetermarke wird laufend überschritten. Ich kenne kein anderes Gewässer, an dem ich so viele große Äschen gefangen habe.

Die Traun beherbergt aber nicht nur große Äschen, auch stattliche Forellen sind hier beheimatet. Meine Bachforellen fange ich meist in Bad Goisern, nahe dem alten Kraftwerk, unterhalb der beiden Wehre, die fast im rechten Winkel zueinander stehen. Dort ist der Grund sehr steinig und von einigen tiefen Rinnen durchzogen. Ich fische dort im Sommer gerne trocken mit einer CDC-Fliege in Grau, einem CDC-Emerger oder einer Buck Caddis, deren helles Rehhaar im schnellen Wasser gut sichtbar ist und außerdem dafür sorgt, dass die Fliege von den vielen kleinen Verwirbelungen nicht unter Wasser gezogen

wird. Die Bachforellen auf diesem Teilstück der Traun sind nicht unbedingt groß, dafür aber ungeheuer kampfstark. Fische von 30 bis 40 Zentimetern sind hier die Regel, bieten aber durch die bereits erwähnte Kampfstärke unglaubliche Drills. Wer unbedingt kapitale Fische erbeuten will, braucht an der Traun – wie überall – Geduld. Empfehlen kann ich nach der Görber Brücke den großen „Pool" am Prallhang sowie unterhalb der Rausche den Prallhang beim Sägewerk oder den Kehrstrom vor dem kleinen Damm, ca. 300 Meter flussabwärts auf der gegenüberliegenden Seite des Flusses. Allerdings sollte man dann an der Spitze des Damms schon ein recht geübter Fliegenfischer sein und Distanzen zwischen 20 und 25 Metern sauber werfen können. Die Karten für diesen Fliegenfischerraum sind nicht gerade preiswert, was hauptsächlich auf die Verpachtungsmodalitäten der Behörden zurückzuführen ist. Aber wer weiß, vielleicht treffen wir uns ja dennoch einmal an der Traun, dem Traum der Fliegenfischer.

Gebratener Barsch mit Kartoffel-Sellerie-Stampf und Pilzen

 Zubereitungszeit: 25 Minuten

1 kleine Sellerieknolle (ca. 300–400 g)
4 Kartoffeln (ca. 400 g)
1 TL Salz
250 ml Sahne
2 EL Butter
Salz und Pfeffer aus der Mühle

200 g Mischpilze, je nach Jahreszeit
2 Schalotten
70 g Butter
Salz und Pfeffer aus der Mühle
1 Becher süße Sahne (200 ml)
1 EL Petersilie, gehackt

4 Barsche, geschuppt und filetiert
1 EL Olivenöl
1 Knoblauchzehe, leicht gequetscht
1 Rosmarinzweig
Salz und Pfeffer aus der Mühle

1 Den Sellerie und die Kartoffeln waschen, schälen und klein schneiden. Mit kaltem Wasser bedecken, leicht salzen und bei mittlerer Hitze kochen, bis alles weich ist. Das Wasser abschütten und die Sahne mit der Butter dazu geben. Mit einem Stampfer fein zerstampfen oder mit einer Gabel zerdrücken, mit Salz und Pfeffer abschmecken.

2 Die Pilze mit einem feuchten Tuch gründlich säubern, putzen und in Scheiben schneiden. Die Schalotten schälen, fein würfeln und in der Butter glasig anschwitzen. Die Pilze zugeben und gut anbraten. Mit Salz und Pfeffer würzen, mit der Sahne ablöschen und ein bis zwei Minuten einkochen lassen, zum Schluss die gehackte Petersilie unterrühren.

3 Die Barschfilets mit der Hautseite nach unten im Olivenöl scharf anbraten, dann die Hitze etwas zurücknehmen und die Filets so lange braten, bis die Haut schön kross ist. Knoblauch und Rosmarinzweig zugeben, den Barsch umdrehen und etwa zwei Minuten auf der Fleischseite weiterbraten.

4 Das Püree auf die Teller geben, die Barschfilets auf das Püree legen, die Pilze mit Sauce darüber verteilen und servieren. Nach Belieben mit Selleriestroh (sehr feine Selleriestreifen in Öl goldgelb frittiert, Tipp siehe Seite 91) garnieren.

Tipp: Wer schnell ist, kann die Gräten vom Barsch nach dem Braten ziehen. Sie lösen sich leichter aus dem noch warmen Fleisch.

Steffen zeigt wie's geht Smoke in the water – Barsch selber räuchern

Geräucherter Rosmarin-Barsch mit Chorizo und Kartoffeln

 Zubereitungszeit: 25 Minuten

4 **Barsche**, küchenfertig
4 kleine **Rosmarinzweige**

8 große, festkochende **Kartoffeln**
6 EL **Sonnenblumenöl**
200 g **Chorizo**, am Stück

2 EL **Petersilie**, gehackt

2 Bund **Lauchzwiebeln**
2 EL **Sonnenblumenöl**

1 Becher **saure Sahne** (200 g)
2 **Knoblauchzehen**
Salz und **Pfeffer** aus der Mühle

Tipp: *Die Räucherdauer hängt immer von der Größe und Dicke der Fische ab, ganze Fische benötigen mehr Zeit als Fischfilets. Auch hier gilt: Übung macht den Meister.*
Wenn der Fisch nach dem Räuchern noch zu glasig ist, kann er in der Pfanne nachgegart werden.

1 Die Barsche mit Rosmarin füllen und je nach Größe zehn bis fünfzehn Minuten in den Räucherofen geben. Danach die Barsche filetieren und die Gräten entfernen, die Filets nochmals halbieren und warm halten.

2 Die Kartoffeln waschen und mit der Schale in fingerdicke Scheiben schneiden. In einer Pfanne die Scheiben im Sonnenblumenöl bei mittlerer Hitze von beiden Seiten weich braten. Kurz vor Ende der Garzeit die in nicht zu dünne Streifen geschnittene Chorizo zugeben und für ein bis zwei Minuten mitbraten. Den Pfanneninhalt anschließend auf Küchenpapier abtropfen lassen.

3 Die Lauchzwiebeln ein Drittel von der Wurzel weg der Länge nach einschneiden und in etwas Sonnenblumenöl bei nicht zu hoher Hitze braten, bis sie leicht Farbe genommen haben und gar sind.

4 Die saure Sahne in eine kleine Schüssel geben, den Knoblauch schälen, sehr fein hacken und unterrühren, mit Salz und Pfeffer würzen.

5 Zum Anrichten die Bratkartoffeln mit den Chorizostreifen auf Teller geben, mit der Petersilie bestreuen und mit zwei geräucherten Barschfilets belegen. Die gebratenen Lauchzwiebeln anlegen und das Gericht mit der gewürzten sauren Sahne garnieren.

Der Heißräuchervorgang darf nicht zu lange dauern, sonst wird der Rauchgeschmack zu intensiv. I Den Barsch mit einem Rosmarinzweig füllen. II + III eine knappe Hand voll Buchenholzspäne auf etwas Alufolie geben, die wie eine Art Pfanne geformt ist und in der das Räuchermehl schön verteilt werden kann. IV Das Ganze in einen passenden Topf geben. Einen ca. 3 cm hohen Ring oder ein Gitter darauf setzen. V + VI Den Fisch auf einem gebutterten oder geölten Teller darauf stellen, evtl. leicht salzen. VII Den Topfdeckel auflegen und die Konstruktion auf den Grill stellen. VIII Bei optimaler Glut den Topf maximal sieben bis acht Minuten darauf lassen und dann bei geschlossenem Deckel vom Grill nehmen. Das Ganze – je nach Dicke der Filets – noch zwei bis drei Minuten ruhen lassen und das Räucherergebnis wird sehr gut sein.

Geräucherter Rosmarin-Barsch mit Chorizo und Kartoffeln, Rezept Seite 77

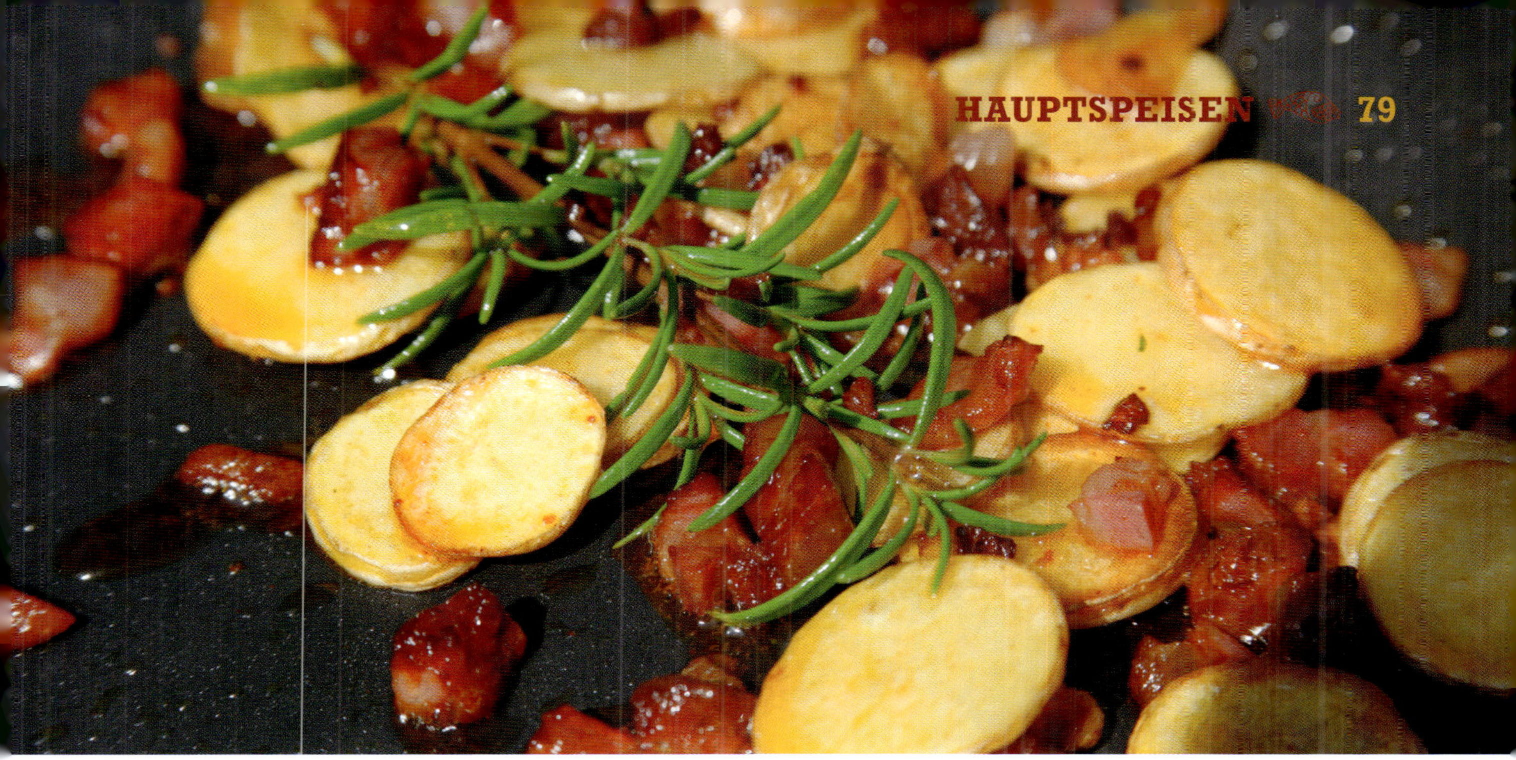

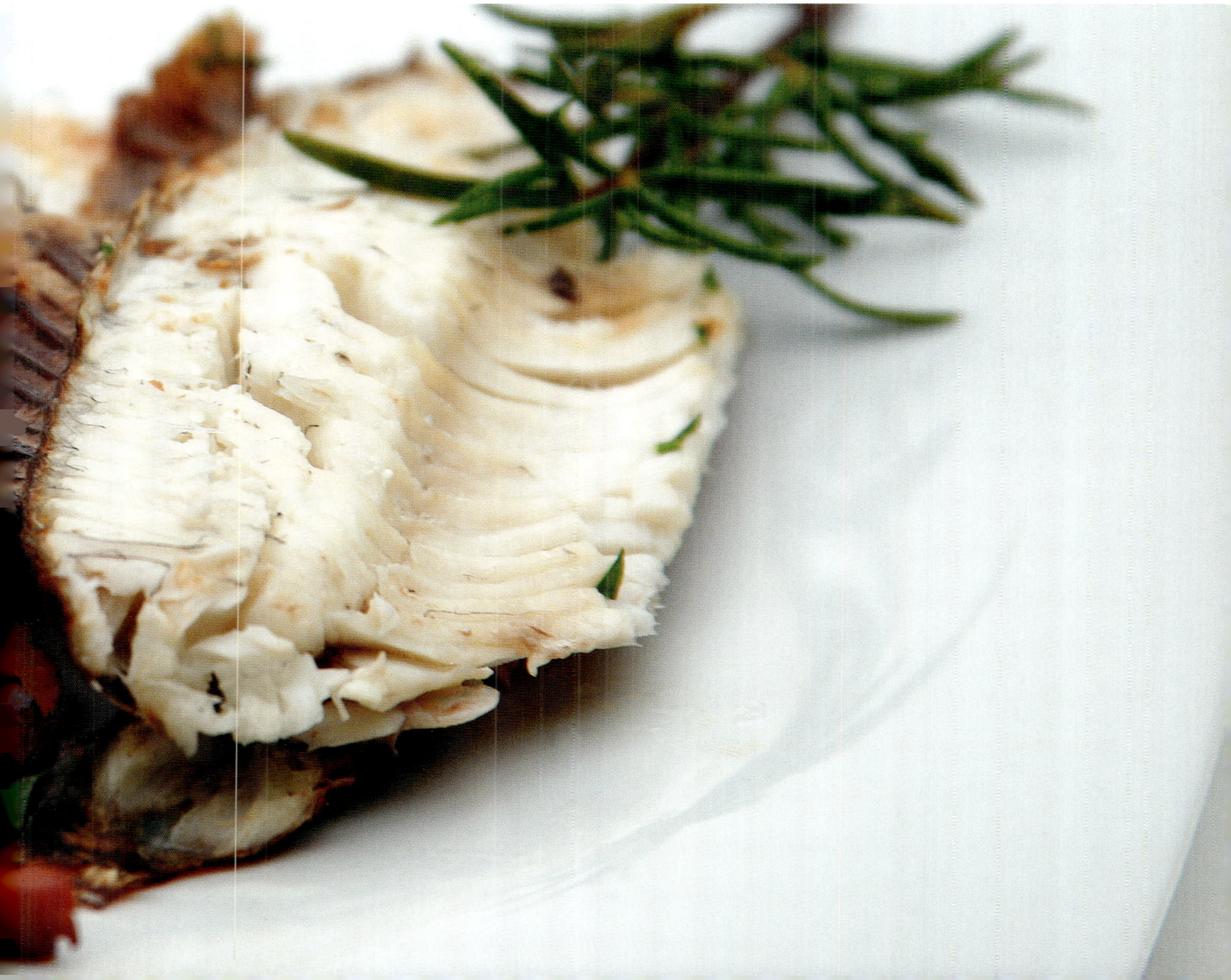

Mille-feuille von Kichererbsenblini mit Brasse und Vanillenage

 Zubereitungszeit: 25 Minuten

100 g **Kichererbsenmehl**
3 **Eier**
¼ l **Milch**
1 Prise **Backpulver**
1 EL **Koriandergrün, gehackt**
1 EL **flüssige Butter**
1 **Eiweiß, steif geschlagen**
1 Prise **Salz und Pfeffer aus der Mühle**
Butter zum Herausbacken

1 **Schalotte**
10 g **Butter**
¼ l **Fischfond**
2 **Vanillestangen**
Salz aus der Mühle
30 g **kalte Butter**
2 EL **geschlagene Sahne**

600 g **Brassenfilets**
3 EL **Olivenöl**
1 **Zweig Zitronenthymian**
1 **Knoblauchzehe, geschält
und zerdrückt**

1 Das Kichererbsenmehl in einer Schüssel zusammen mit den Eiern und der Milch zu einem homogenen Teig verrühren. Das Backpulver, den gehackten Koriander und die flüssige Butter zugeben, zum Schluss das geschlagene Eiweiß unterheben und den Teig mit Salz und Pfeffer würzen. In einer Pfanne mit etwas Butter nacheinander kleine Blini (Pfannkuchen) herausbacken, pro Person werden drei Stück benötigt.

2 Die Schalotte in feine Würfel schneiden, in einem kleinen Topf in der Butter glasig schwitzen und mit dem Fischfond ablöschen. Die Vanillestangen der Länge nach halbieren und mit einem kleinen Messer das Mark in die Sauce kratzen. Leicht salzen und die Flüssigkeit auf die Hälfte einkochen. Den Fisch in acht gleichmäßig große Stücke schneiden und in einer Pfanne mit Olivenöl zuerst von der Hautseite anbraten, anschließend den Thymian und die zerdrückte Knoblauchzehe zugeben, den Fisch wenden und in drei bis vier Minuten fertig braten.

3 Die gewürfelte und kalte Butter in die Sauce geben, gut mixen oder mit dem Schneebesen kräftig verrühren und zum Schluss die geschlagene Sahne unterheben. Mit Salz und Pfeffer abschmecken.

4 Zum Servieren die Blini abwechselnd mit den Brassenstücken auf Teller schichten, mit der Vanillenage umgießen und sofort servieren. Die Mille-feuille mit den ausgekratzten Vanillestangen und etwas Rosmarin garnieren.

Tipp: *Zuhause können ausgekratzte Vanillestangen im Backofen bei 90 °C getrocknet werden. Sie eignen sich als kleiner Snack, als alternative Spießchen oder als Aromageber – zerrieben im Mörser – für Öl oder Zucker.*

Schwarze Polenta mit Brasse und Mandel-Knoblauch-Krusteln

 Zubereitungszeit: 20 Minuten

200 ml **Geflügel- oder Gemüsebrühe**
200 ml **süße Sahne**
1 **Lorbeerblatt**
1 **Knoblauchzehe**
1 **Thymianzweig**
1 **Salbeiblatt**
Salz und Pfeffer aus der Mühle
1 P. **Sepia-Tinte (beim gut sortierten Feinkost- oder Fischhändler erhältlich)**
80 g **feiner Polentagrieß**

200 g **durchwachsener Speck**
100 g **Mandeln, geschält**
4 **Knoblauchzehen, geschält**
1 **Thymianzweig**
1 **Salbeiblatt**
2 EL **Olivenöl**
60 g **Butter**
50 g **Oliven ohne Stein**
50 g **kleine Brotcroûtons, geröstet**
Salz und Pfeffer aus der Mühle

600 g **Brasse, küchenfertige Filets**
Salz und Pfeffer aus der Mühle
Olivenöl zum Braten

1 In einem Topf die Brühe mit Sahne und Kräutern aufkochen und fünf Minuten ziehen lassen, dann die Flüssigkeit durch ein Sieb gießen, mit Salz und Pfeffer würzen und die Tinte zugeben. Nochmals zum Kochen bringen und den Grieß einrühren. Die Polenta im zugedeckten Topf bei ca. 50 °C für 20 Minuten quellen lassen, Temperatur zuvor prüfen und gegebenenfalls den Grilldeckel etwas öffnen, damit die Polenta nicht anbrennt.

2 Den Speck in kleine Würfel oder Streifen schneiden, die Mandeln und den Knoblauch grob hacken, die Kräuter fein hacken. Speck mit Olivenöl in einer Pfanne anbraten, Mandeln und etwas Butter zugeben, kurz Farbe nehmen lassen, dann den Knoblauch und die Kräuter hinzufügen, zum Schluss die Oliven und die Brotcroûtons unterrühren, mit Salz und Pfeffer würzen.

3 Brassenfilets in vier Portionen teilen, mit Salz und Pfeffer würzen und in der Pfanne mit etwas Olivenöl zuerst auf der Hautseite braten. Wenn die Haut schön knusprig ist, den Fisch umdrehen und in etwa zwei Minuten fertig garen.

4 Zum Servieren die schwarze Polenta auf Tellern anrichten und mit einem Fischstück belegen. Die Mandel-Knoblauch-Krusteln mit dem Speck und etwas Bratfett darüber geben und servieren.

Tipp: Polenta kann cremig als Püree oder fest als Schnitte zubereitet werden. Zu diesem Gericht passt die cremige Variante am besten.

Dorsch mit Kapern-Senf-Sauce und Zucchini-Nudeln

 Zubereitungszeit: 25 Minuten

2 Schalotten, geschält und
klein gehackt
1 EL Butter
100 ml Fischfond
250 ml süße Sahne
800 g Dorschfilet
Salz aus der Mühle
2 EL Senf*
1 EL kalte Butter
2 EL Kapern, abgetropft
1 Bund Petersilie, gehackt

400–500 g breite Bandnudeln
2 Zucchini
1 EL Butter
1 Knoblauchzehe, leicht angequetscht
1 TL gehackter Thymian
Salz und Pfeffer aus der Mühle

1 In einem weiten Topf die Schalotten mit der Butter glasig anschwitzen und mit dem Fischfond ablöschen. Etwas reduzieren, dann die Sahne unterrühren. Dorschfilet in vier Stücke schneiden, salzen, in die Sauce legen und ca. drei Minuten zugedeckt auf kleiner Flamme köcheln. Danach den Fisch herausnehmen und auf einen vorgewärmten Teller legen. Nun den Senf in die Sauce geben und mit etwas Butter aufmixen (oder mit dem Schneebesen kräftig verrühren). Zum Schluss die Kapern und die gehackte Petersilie hinzufügen, dann den Dorsch nochmals für ein bis zwei Minuten in der Sauce garen. Den Topf vom Feuer nehmen.

2 Die Nudeln in Salzwasser al dente kochen, danach in ein Sieb gießen und abtropfen lassen. Zucchini der Länge nach in breite, dünne Streifen schneiden. In einer Pfanne die Butter zergehen lassen, den zerdrückten Knoblauch zugeben und anschwitzen, dann die Zucchinistreifen bei kleiner Hitze mitdünsten, so dass sie noch Biss haben. Nun die abgetropften Nudeln und den gehackten Thymian zugeben, alles gut vermischen und mit Salz und Pfeffer abschmecken.

3 Zum Servieren den Knoblauch entfernen und je eine Portion Zucchini-Nudeln mit einer Fleischgabel aufrollen und auf einen Teller geben, den Dorsch obenauf legen und die Kapern-Senfsauce um die Nudeln herum angießen.

*Mittelscharfer Senf passt gut zu diesem Rezept. Jedoch kann jeder seinen Lieblingssenf hierfür verwenden. Eine leckere Alternative ist ein grober Senf wie z. B. Moutarde de Meaux.

Crispy Lasagne von Dorsch und Blutwurst mit Petersilien-Salsa

 Zubereitungszeit: 15 Minuten

600 g Dorschfilet
Salz und Pfeffer aus der Mühle
Olivenöl zum Braten
1 Schalotte, halbiert
1 Knoblauchzehe, leicht gequetscht

1 Bund Lauchzwiebeln
Sonnenblumenöl zum Braten
Salz aus der Mühle

8 Scheiben Blutwurst*

4 Blatt Frühlingsrollenteig
1 EL Olivenöl

1 Bund Blattpetersilie
1 Knoblauchzehe, geschält
½ TL Salz
½ TL Chilischote, fein gehackt
4 EL Sonnenblumenöl

Zusätzlich benötigtes Material:
1 Mörser

1 Dorschfilet in acht Stücke schneiden und mit Salz und Pfeffer würzen. In einer beschichteten Pfanne die Filets mit etwas Olivenöl auf der Hautseite knusprig anbraten. Die Schalotte und den Knoblauch als Aromen zugeben, den Fisch, sobald die Hautseite schön kross ist, umdrehen und bei reduzierter Hitze fertig garen.

2 Die Lauchzwiebeln gut waschen, etwa zwei Zentimeter oberhalb der Wurzel der Länge nach einschneiden und die Zwiebeln im Sonnenblumenöl weich braten. Mit etwas Salz würzen und auf Küchenpapier abtropfen lassen.

3 Die Blutwurstscheiben in einer heißen, beschichteten Pfanne von beiden Seiten braten, danach ebenfalls kurz auf etwas Küchenpapier abtropfen lassen.

4 Den Frühlingsrollenteig in Dreiecke schneiden und in Öl von beiden Seiten goldgelb braten. Aufpassen, das geht sehr schnell, wenn das Öl heiß ist! Die Dreiecke auf Küchenpapier abtropfen lassen.

5 Die Petersilie und die Knoblauchzehe ganz fein hacken und mit Salz und Chili in einen Mörser geben. Nach und nach das Sonnenblumenöl zugeben und zu einer dickflüssigen Paste stampfen.

6 Zum Anrichten erst ein Frühlingsrollenteig-Dreieck, dann abwechselnd Dorsch, Frühlingsrollenteig und Blutwurst schichten, bis alles aufgebraucht ist. Zum Schluss die gebratenen Lauchzwiebeln darüber legen, mit Petersilien-Salsa umgießen und servieren.

....

* Für dieses Rezept eignen sich kleine feste Blutwürste (Naturdarm). In Scheiben geschnitten und kross angebraten passen sie zum knusprigen Frühlingsrollenteig.

Kieler Bucht

Da ich im hohen Norden der Republik zu Hause bin, ist die Ostsee, vor allem die Kieler Bucht und die sogenannte „Dänische Südsee", sozusagen mein Heimatgewässer. Mehr als ein Jahrzehnt habe ich dort intensiv gefischt und wahrhaft viele Fische gefangen. Der Artenreichtum ist nicht gerade riesig, aber die gefangenen Stückzahlen gleichen diesen kleinen Makel allemal aus. Brotfisch ist ganz klar der Dorsch. Während der Neunziger Jahre habe ich mich sehr intensiv mit der Angelei auf Dorsch befasst und kann nicht ganz ohne Stolz behaupten, das Ultra-Leicht-Pilken zusammen mit meinem Freund und Kollegen Jörg Strehlow entwickelt zu haben. Neben dem Dorsch, der das ganze Jahr über zu fangen ist, gibt es einige Fische, die zu bestimmten Jahreszeiten in Ufernähe erscheinen und dann wieder in den Weiten der Ostsee verschwinden. Im März und April sind es die Meerforellen, das „Silber der Ostsee", gefolgt von den Heringen im April und Mai. Pünktlich zur Rapsblüte, die das ganze Land leuchtend gelb färbt, tauchen dann die Hornhechte auf und ab August lohnt sich die Angelei auf Scholle,

Klieschen und Butt. Auch die Aale sind dann in warmen Sommernächten unterwegs und verführen so manchen Petrijünger zum nächtlichen Ansitz mit Pose und Knicklicht.

Dorsche werden fast überall über steinigem Grund oder Muschelbänken gefangen. Direkt vor der Küste befinden sich gute Fanggründe wie die Schüttstelle oder auch die Plätze Gabelsflach, Stollergrund, Schietloch sowie der rot-weiße Makrelenblinker, eine betonnte Stelle. Wer auf einem der ab Laboe startenden, professionellen Dorschkutter mitfährt, lernt sie alle früher oder später kennen. Selbst in der Kieler Innenförde werden von den Kaianlagen im Herbst maßige Dorsche gefangen. Meerforellenplätze gibt es in der Kieler Bucht auch jede Menge. Die Steilküste bei Stohl, die Spitze beim Strander Leuchtturm oder die Muschelbänke in der Heikendorfer Bucht, ja selbst die Schwentinemündung… all dies sind hervorragende Plätze für den Fang der Silberlinge. Aber gerade für Meerforellen braucht der Angler jede Menge Geduld. Nicht umsonst wird die Meerforelle im Norden „der Fisch der Tausend Würfe" genannt. In den Kieler Angellä-

Kieler Bucht: wenig Arten vs. großer Fang
Fischbestand: Dorsch, Meerforelle, Heringe, Hornhechte, Scholle, Kliesschen, Butt, Aal
Beste Angelzeiten: Dorsch – ganzjährig, Meerforelle – März/April, Heringe – April/Mai, Hornhechte – Mitte Mai/Juni, Scholle, Kliescher, Butt, Aal – Juli/August/September,
Kampfangelzeiten: Brandungsangeln im September/Oktober und im November Meerforellen für Hartgesottene

den treffen die Infos über aktuelle Fänge sozusagen stündlich ein. Tipps und die richtigen Köder gibt es dort ebenfalls. Fangen müsst ihr die Schätze dann allerdings selbst.

Wem diese Art der Angelei zu mühselig ist, der kommt am besten vier Wochen später, wenn Millionen von Heringen die Kieler Förde zum Laichen aufsuchen. Bei Sonnenschein und nördlichen oder östlichen Winden fangen dann hunderte von Anglern von den Kaimauern mitten in Kiel aus die kleinen, zappligen Gesellen. An guten Tagen werden mit dem Heringspaternoster, bestückt mit fünf Haken, jede Menge Eimer und Beutel gefüllt.

Tauchen dann Mitte Mai die Hornhechte auf, schlägt die Stunde der Fliegenfischer. Große Exemplare von gut einem Meter Länge bieten am leichten Geschirr herrliche Drills. Topstellen sind die Strander Bucht am Leuchtturm, die steinigen Ufer der Hohwachter Bucht und die Strände bei Stein, kurz hinter Laboe, mit seinem markanten Ehrenmalwahrzeichen. Ab September/Oktober kommt dann die Zeit der Brandungsangler. Auflandiger Wind der Stärke vier bis fünf aus West bis Nordwest bietet die besten Voraussetzungen, um an den östlichen Stränden der Kieler Bucht Beute zu machen. Krallenbleie von 180 Gramm, zwei Haken mit Watt- oder Seeringelwurm und 4,20 m lange kräftige Ruten sind das Gerät, mit dem die Profis aus Kiel und Umgebung im Herbst ihre Fische vom Strand aus fangen. Im November gehen ganz Hartgesottene dann mit der Spinnrute erneut auf die Meerforellenjagd und erst wenn das Weihnachtsfest vor der Tür steht, geht das Angeljahr im Norden zu Ende.

„Cordon bleu" von der Forelle mit schwarzen Chili-Spätzle und Petersiliennage

 Zubereitungszeit: 30–40 Minuten (je nach „Spätzlefitness")

2 rote Chilischoten
500 g Mehl
7 Eier
1 P. Sepia-Tinte (beim gut sortierten Feinkost- oder Fischhändler erhältlich)
½ TL Salz
50 ml Wasser
etwas Olivenöl

1 Schalotte
1 EL Butter
100 ml Chardonnay
100 ml Geflügelfond
1 Bund Blattpetersilie, fein gehackt
250 ml süße Sahne
60 g Butter
Salz und Pfeffer aus der Mühle

4 Forellenfilets
120 g Hinterschinken, vom Metzger in ½ cm dicke Scheiben geschnitten
120 g junger Gouda, in ½ cm dicke Scheiben geschnitten
Salz und Pfeffer aus der Mühle
60 g Mehl
2 Eier, verquirlt
125 g Paniermehl
1 l Pflanzenöl zum Frittieren

Zum Garnieren:
4 Rosmarinzweige

1 Die Chilischoten der Länge nach halbieren und das Kerngehäuse entfernen, die Chili in ganz feine Würfel schneiden. Mehl in eine Schüssel sieben und eine Mulde mit dem Handrücken hineindrücken. Eier aufschlagen und in die Mulde geben, die Tinte, die fein gewürfelten Chilis, das Salz und das Wasser zugeben und alles gut vermengen, dann den Teig von Hand etwa fünf Minuten kräftig schlagen, bis er Blasen zeigt. Spätzleteig kurz ruhen lassen. Den Teig vom Brett in kochendes Salzwasser schaben (siehe Abbildungen rechts) oder durch die Spätzlepresse drücken. Wenn die Spätzle oben schwimmen, mit einem Schaumlöffel herausnehmen und in kaltem Wasser abschrecken. Danach im Sieb abtropfen lassen und mit ein paar Tropfen Olivenöl beträufeln, damit sie nicht zusammenkleben.

2 Die Schalotte schälen und in feine Würfel schneiden, in etwas Butter glasig schwitzen. Mit dem Weißwein und der Geflügelbrühe ablöschen und die Flüssigkeit bei mittlerer Hitze um ein Drittel reduzieren. Die fein gehackte Petersilie und die flüssige Sahne zugeben und noch einmal fünf Minuten einkochen. Zum Schluss die in Würfel geschnittene eiskalte Butter mit einem Pürierstab oder Schneebesen unterrühren und die Sauce mit Salz und Pfeffer würzen.

3 Die Forellenfilets halbieren, jeweils die eine Hälfte mit einer zugeschnittenen Schinken- und Goudascheibe belegen, mit der anderen Fischhälfte bedecken. Mit Salz und Pfeffer leicht würzen, anschließend in Mehl wenden, durch die verquirlten Eier ziehen und im Paniermehl wenden, dabei die Brösel leicht andrücken. Frittieröl in einem hohen Topf auf 160 °C erhitzen (siehe Tipp) und die Cordon bleus darin goldgelb herausbacken. Auf Küchenpapier kurz abtropfen lassen.

4 Zum Anrichten die schwarzen Spätzle in etwas Butter schwenken und heiß werden lassen, mit Salz abschmecken und mittig auf Teller geben. Mit Petersiliennage großzügig umgießen, zum Schluss das Forellenfilet aufschneiden und auf die Spätzle setzen. Mit etwas Rosmarin garnieren und servieren.

Tipp: Um auch ohne Fritteuse prüfen zu können, ob das Öl die richtige Temperatur hat, einfach einen Tropfen Wasser ins heiße Öl schnippen. Wenn es dabei scharf zischt und das Öl aber noch immer seine ursprüngliche Farbe hat, dann ist die Temperatur zum Frittieren genau richtig. Sobald sich die Farbe des Öls verändert, ist es zu heiß geworden und kann nicht weiter verwendet werden. Wer's besonders „hot 'n spicy" haben möchte, schwitzt in der Butter für die Spätzle noch in feine Ringe geschnittene rote Chilischoten an.

„Cordon bleu" von der Forelle mit schwarzen
Chili-Spätzle und Petersiliennage, Rezept Seite 90/91

Forellen-Knödel-Lasagne mit Shiitake und Radieschengemüse

 Zubereitungszeit: 15 Minuten

2 Bund **Radieschen mit Grün**
30 ml **Olivenöl**
25 g **Butter**
Salz und Pfeffer aus der Mühle
1 Prise **Muskatnuss, frisch gerieben**

200 g **Shiitake**
25 g **Butter**

2 **Semmelknödel, ausgekühlt und in Scheiben geschnitten**
25 g **Butter**

25 g **Butter**
2 **Schalotten**
1 Bund **Petersilie, fein gehackt**
100 ml **Chardonnay**
250 ml **Sahne**
Salz und Pfeffer aus der Mühle
4 **Forellenfilets**

1 Die Radieschen gut waschen, das Grün abschneiden und zur Seite stellen, die Radieschen in dünne Scheiben schneiden. Olivenöl und Butter in einer Pfanne erhitzen und die Radieschenscheiben anschwitzen. Das Grün zugeben, mit Salz, Pfeffer und etwas Muskat würzen und dünsten, bis die Radieschenblätter zusammenfallen.

2 Die Shiitake mit einem Tuch oder Pinsel gründlich reinigen – bitte keinesfalls waschen – und in etwas Butter braten, bis sie leicht gebräunt sind.

3 Die Knödelscheiben in der Butter schön knusprig braten und auf Küchenpapier legen.

4 Etwas Butter in einem kleinen Topf zergehen lassen und die klein geschnittenen Schalotten glasig anschwitzen. Die fein gehackte Petersilie unterrühren, mit Weißwein und Sahne ablöschen, mit Salz und Pfeffer würzen und etwas reduzieren. Die Forellenfilets halbieren, würzen und in der Sauce etwa vier Minuten ziehen lassen. Anschließend herausnehmen und warm halten

5 Zum Anrichten eine Knödelscheibe mittig auf Teller legen, mit Radieschengemüse belegen, dann ein Stück Forelle darüber geben und mit einer Knödelscheibe bedecken, nun einen Shiitake und wieder ein Stück Forelle auflegen, nun wieder Radieschengemüse und Shiitake auflegen und zuletzt mit einem Forellenfilet abschließen. Mit Petersiliensauce umgießen und servieren.

Tipp: *Beim Radieschenkauf darauf achten, dass das Grün frisch und knackig ist, dann sind die Blätter ein Hochgenuss.*

Safranrisotto mit Herbsttrompeten und Forellen-Strudel

Zubereitungszeit: 35–40 Minuten

20 g getrocknete Herbsttrompeten
oder 100 g frische Herbsttrompeten
2 Schalotten, 2 EL Olivenöl
1 Knoblauchzehe, leicht angequetscht
100 g Risottoreis (Vialone Nano)
1 Rosmarinzweig
100 ml trockener Weißwein
½ l kochend heiße Geflügelbrühe
4–5 Safranfäden
1 EL Butter
30 g Parmesan, fein gerieben
Salz und Pfeffer aus der Mühle

4 Forellenfilets
Salz und Pfeffer aus der Mühle
1 P. Strudelteig
2 EL Olivenöl

Tipp: Wichtig bei der Zubereitung von Risotto ist, dass die Brühe kochend heiß ist. Der Reis darf immer nur ganz knapp mit Brühe bedeckt sein; also ständig rühren und Brühe nachgießen.

1 Herbsttrompeten in kaltem Wasser fünf Minuten einweichen, danach leicht ausdrücken und beiseite stellen, frische Pilze gründlich säubern. Die Schalotten schälen, in kleine Würfel schneiden, in etwas Olivenöl zusammen mit der angequetschten Knoblauchzehe anschwitzen, dann den Reis und den Rosmarinzweig zugeben und mit Weißwein ablöschen. Nach und nach Geflügelbrühe zugießen und unter Rühren köcheln, bis der Reis gar ist, aber noch leicht Biss hat (ca. 20–25 Minuten). Kurz bevor der Risotto fertig ist, die Safranfäden zu geben. Die Pilze ausdrücken in etwas Butter anschwitzen und ebenfalls zum Risotto geben, am Schluss den geriebenen Parmesan unterrühren und abschmecken.

2 Die Forellenfilets mit Salz und Pfeffer würzen, den Strudelteig in vier passende Stücke schneiden. Jedes Filet in ein Teigstück einschlagen und in der Pfanne in Olivenöl von beiden Seiten knusprig braten. An der Wärme zwei bis drei Minuten ruhen lassen, so kann der Fisch schön langsam durchziehen.

3 Zum Servieren etwas Risotto in die Mitte der Teller geben. Forellen-Strudel leicht schräg durchschneiden und beide Stücke auf den Risotto legen.

Steffen zeigt wie's geht Forelle, gefangen im Strudel:

I Forelle würzen, auf den Strudelteig legen, evtl. mit frischem Meersalz bestreuen. **II** Strudelteig mit beiden Händen über die Forelle legen, der Teig sollte das Forellenstück bedecken (III) **IV** Forellenstück weiter einrollen, bis das Strudelteigblatt aufgebraucht ist (V) **VI + VII** Teigenden einklappen und festdrücken **IX** Ab in die Pfanne und schön knusprig anbraten!

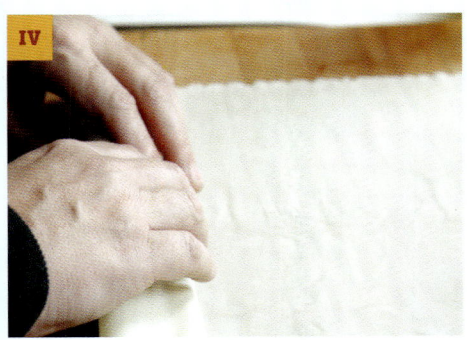

Mit Zitronengras gespickter Hecht auf Tomaten-Vanille-Polenta

 Zubereitungszeit: 20 Minuten

4 **Eiertomaten**

¼ l **Geflügelbrühe**
⅛ l **Milch**
1 EL **Butter**
1 **Schalotte, geschält**
1 **Rosmarinzweig**
½ **Vanillestange**
80 g **feiner Polentagrieß**
20 g **geriebener Parmesan
(Parmigiano Reggiano)**

500 g **Hechtfilet, küchenfertig**
4 EL **Olivenöl**
4 Stängel **Zitronengras**
Salz und Pfeffer aus der Mühle
Olivenöl zum Braten
1 **Knoblauchzehe, gequetscht**

1 Die Tomaten waschen, vierteln und das Kerngehäuse entfernen. Die Tomatenviertel mit der Hautseite nach unten auf ein Brett legen, dann mit einem flexiblen scharfen Messer die Haut entfernen. Fruchtfleisch in dünne Streifen schneiden (siehe Schritt-für-Schritt-Abbildungen auf Seite 7).

2 Die Geflügelbrühe mit der Milch und der Butter aufkochen, die ganze Schalotte, den Rosmarin und das ausgekratzte Mark aus der Vanillestange zugeben, dann den Polentagrieß einrühren und die Masse ständig weiterrühren, bis die Polenta Püreekonsistenz hat. Den geriebenen Parmesan und die vorbereiteten Tomaten zugeben, die Polenta mit Salz und Pfeffer würzen und warm halten.

3 Den Hecht in vier gleichgroße Stücke schneiden. Vom Zitronengras die äußerste Schicht entfernen und die Stängel unten wie oben leicht schräg anschneiden. Die Hechtstücke mit dem Zitronengras durchstechen, d. h. das Zitronengras kurz unter der Haut quer durchstoßen. Mit Salz und Pfeffer würzen und den Fisch in einer Pfanne in heißem Olivenöl zuerst auf der Hautseite braten. Aufpassen, dass die Haut schön knusprig gebraten ist, danach die Hitzezufuhr reduzieren, den Knoblauch zugeben und den Hecht auf der Fleischseite in zwei bis drei Minuten fertig braten. Pfanne zur Seite stellen, den Fisch zwei bis drei Minuten ruhen lassen.

4 Zum Anrichten die Polenta in die Mitte der Teller schöpfen und mit je einem gespickten Hechtstück belegen.

Tipp*: Ausgekratzte Vanillestangen noch einmal längs halbieren und an einem warmen Ort (z. B. am Rand des Grills) vollständig trocknen lassen oder in einer beschichteten Pfanne langsam trocknen. Wunderschön zum Garnieren – sie schmecken gut zum Knabbern, einfach ausprobieren!*

Karpfen mit Couscous und Koriander-Pesto

 Zubereitungszeit: 25 Minuten

2 **Schalotten**

3 **Stangen Staudensellerie**

4 **Lauchzwiebeln**

3 EL **Olivenöl**

1 **Knoblauchzehe, zerdrückt**

150 g **Couscous**

¼ l **Geflügelbrühe**

1 Msp. **Tandoori Masala***

1 TL **Ras El-Hanout****

1 EL **Koriandergrün, fein geschnitten**

Salz und Pfeffer aus der Mühle

150 ml **Olivenöl**

100 g **Koriandergrün**

40 g **Pinienkerne**

1 **Knoblauchzehe**

Salz und Pfeffer aus der Mühle

20 g **Parmesan, gerieben**

600 g **Karpfenfilets**

Salz und Pfeffer aus der Mühle

2 **Schalotten**

60 g **Butter**

200 ml **Weißwein**

200 ml **Wasser**

1 **Thymianzweig**

1 **Lorbeerblatt**

Zusätzlich benötigtes Material:

1 **Mixer zum Pürieren**

1 Die Schalotten schälen und zusammen mit dem Stangensellerie klein würfeln, die Lauchzwiebeln in Ringe schneiden und das Gemüse im Olivenöl zusammen mit einer zerdrückten Knoblauchzehe anschwitzen. Den Couscous hinzufügen, mit der Geflügelbrühe aufgießen, mit Tandoori Masala, Ras El-Hanout, Koriander, Salz und Pfeffer würzen. Einmal aufkochen, dann den Couscous gemäß Packungsanleitung quellen lassen. Wenn der Couscous weich ist, mit einer Gabel auflockern.

2 Olivenöl, Koriander, Pinienkerne und der Knoblauch mit Salz und Pfeffer in einem Mixer fein pürieren, zum Schluss den geriebenen Parmesan unterrühren und nochmals nachschmecken.

3 Karpfenfilets würzen. Die Schalotten schälen, klein schneiden, in der Butter anschwitzen und mit Weißwein ablöschen. Wasser mit Thymian und Lorbeer zugeben, zum Kochen bringen und zwei Minuten durchkochen. Hitze reduzieren, Karpfen einlegen und zugedeckt, je nach Dicke des Filets, vier bis fünf Minuten sieden lassen. Danach den Fisch nochmals vier bis fünf Minuten im Sud ruhen lassen.

4 Zum Servieren Knoblauch entfernen und den Couscous mittig auf Tellern anrichten. Karpfenfilets aus dem Sud nehmen, in Stücke schneiden und auf den Couscous geben. Mit etwas Korianderpesto umgießen, restlichen Pesto in einem Schälchen getrennt dazu reichen.

* Tandoori Masala ist eine rote Gewürzmischung aus dem indischen Pandschab, deren Hauptbestandteile Koriander, Kreuzkümmel, Gewürznelke, Zimt, Macis, Kurkuma, Chili, Pfeffer, Kardamom und Mangopulver sind.

** Ras El-Hanout ist eine nordafrikanische Gewürzmischung, die z.B. in Marroko zwischen 15 und 30 Zutaten beinhaltet (u.a. Kardamom, Macis, Muskatnuss, Pfeffer, Kurkuma, Ingwer, Piment, getrocknete Rosenknospen etc.).

Beide Würzmischungen sind in gut sortierten Supermärkten erhältlich.

Knusper-Karpfen auf Kartoffel-Steinpilz-Carpaccio

 Zubereitungszeit: 25 Minuten

400 g **frische Steinpilze***
30 g **Butter**
1 **Knoblauchzehe, halbiert**
4 EL **Olivenöl**
Salz und Pfeffer aus der Mühle
25 g **Blattpetersilie**
400 g **Pellkartoffeln, frisch gekocht oder vom Vortag**

100 g **Toastbrot ohne Rinde, gerieben**
50 g **Tandoori Masala****
600 g **Karpfenfilet**
Salz aus der Mühle
1 l **Pflanzenöl zum Frittieren**

Zum Garnieren:
frische Kräuter nach Wahl
oder
25 g **Blattpetersilie, die dickeren Stiele entfernt, in heißem Öl frittiert und auf Küchenpapier abgetropft und leicht gesalzen**

Zusätzlich benötigtes Material:
1 **Bunsenbrenner**

1 Die Steinpilze putzen und in dünne Scheiben schneiden, anschließend in etwas Butter von beiden Seiten anbraten. Die Teller mit der Schnittfläche der halbierten Knoblauchzehe kräftig einreiben, dann mit einem Pinsel etwas Olivenöl darauf streichen. Die gebratenen Steinpilzscheiben auf dem Ölspiegel flach auslegen, mit Salz und Pfeffer würzen. Die Petersilie fein hacken und über die Steinpilze streuen.

2 Nun die Schale der Pellkartoffeln abziehen, die Kartoffeln in dünne Scheiben schneiden, auf die Steinpilzscheiben legen, bis diese komplett bedeckt sind. Zum Schluss die Kartoffelscheiben mit der restlichen Bratbutter der Steinpilze bepinseln und mit einem Bunsenbrenner abflämmen, bis sie Farbe annehmen, Teller zur Seite stellen.

3 Das geriebene Toastbrot mit dem Tandoorigewürz vermengen. Das Karpfenfilet in acht gleich große Stücke schneiden und salzen. Das Pflanzenöl in einem hohen Topf auf 160 °C erhitzen (siehe Tipp auf Seite 91), die Karpfenstücke einlegen und eine Minute frittieren. Herausnehmen, auf Küchenpapier legen und mit einer Pinzette die Gräten herausziehen. Nun die Stücke in den gewürzten Bröseln wälzen. Die Panade leicht andrücken, dann die Karpfenstücke weitere drei bis vier Minuten im heißen Öl frittieren. Anschließend den Fisch auf Küchenpapier gut abtropfen lassen und je zwei Stücke auf das vorbereitete Steinpilz-Kartoffel-Carpaccio setzen. Den Fisch mit frischen Kräutern oder frittierten Petersilienblättchen garnieren.

* Auch andere Pilze mit stärkerem Eigengeschmack, z. B. Braunkappen, passen hier gut dazu. Champignons sind weniger geeignet.
** siehe Erklärung Seite 101

Tipp: Wenn ein Fisch laut Rezept in Öl ausgebacken wird, geht das Entfernen der festsitzenden Gräten wie oben beschrieben am einfachsten: Durch das kurze Vorfrittieren zieht sich das Fischfleisch etwas zusammen, man findet die Gräten besser und sie lassen sich auch leichter herausziehen.

„Junkie"-Lachs mit Steffens Bratkartoffeln

 Zubereitungszeit: 35 Minuten

1 Bund **Basilikum oder Blattpetersilie**
1–2 EL **Olivenöl**

1 kleine **Sellerieknolle, geschält und
in sehr dünne Scheiben geschnitten**
2 EL **Olivenöl**
Salz aus der Mühle
2 **Knoblauchzehen, zerquetscht**

800 g **Lachsfilets**
Salz und Pfeffer aus der Mühle
100 ml **Grauburgunder**
80 g **Butter**

6–8 **Kartoffeln, gewaschen und
geschält**
4 EL **Olivenöl**
1 rote **Zwiebel, in Streifen geschnitten**
2 **Knoblauchzehen, zerquetscht**
1 kleine rote **Thai-Chili, fein gehackt**
30 g **Rosmarinnadeln, fein gehackt**
2–3 EL **Butter**
Salz und Pfeffer aus der Mühle

Zusätzlich benötigtes Material:
1 **Spritze, möglichst mit dicker Nadel
(Apotheke)**
1 **Mörser**

1 Das Basilikum ganz fein hacken und im Mörser mit etwas Olivenöl zu einem homogenen, dickflüssigen Püree verarbeiten. Das Basilikumpüree mit der Spritze aufziehen. Falls keine dicke Nadel zur Verfügung steht, das Basilikumöl erst durch ein feines Sieb passieren, dann geht es auch mit einer dünneren Nadel.

2 Selleriescheiben in feine Streifen schneiden, mit etwas Olivenöl und Salz gut vermengen und mit den Knoblauchzehen auf ein großes Stück Alufolie legen.

3 Den Lachs in vier Tranchen schneiden. In jedes Filet mit der Spritze das vorbereitete Basilikumpüree injizieren, dann den Fisch salzen, pfeffern und auf die vorbereiteten Selleriestreifen geben. Mit Weißwein beträufeln, den Lachs mit Butterflocken bedecken. Das Ganze zu einem Paket fest verschließen, auf den Grill legen und zehn bis zwölf Minuten garen (kommt auf die Hitze der Kohle an).

4 Die Kartoffeln in dünne Scheiben schneiden, anschließend etwa fünf Minuten in kaltes Wasser einlegen (das Wasser entzieht den Kartoffeln Stärke, so kann man sie wunderbar roh braten, ohne dass sie kleben). Kartoffeln im Sieb abtropfen lassen und mit Küchenpapier etwas trockentupfen. Die Kartoffelscheiben in einer Pfanne in heißem Olivenöl braten, dabei die Scheiben mehrmals wenden. Zwiebelstreifen zugeben und mitbraten. Kurz vor Bratende den Knoblauch, die fein gehackte Chili und den fein gehackten Rosmarin untermischen, dann die Butter dazugeben, schmelzen lassen und die Kartoffeln nochmals schwenken. Mit Salz und Pfeffer leicht würzen.

5 Zum Anrichten den gegarten Lachs aus der Folie nehmen. Das Selleriegemüse ohne Knoblauch auf Tellern verteilen und mit je einem Lachsstück belegen. Den Fisch mit Saft aus der Folie beträufeln, daneben die Kartoffeln anrichten und servieren.

Steffen zeigt wie's geht Gespritzter Fisch

I Basilikumpüree mit Spritze aufziehen. **II** In die Lachstranchen an mehreren Stellen einspritzen.
III Selleriestreifen mit Öl und Salz vermengen. **IV–VI** Lachs auf Selleriestreifen mit Knoblauch in Alufolie einwickeln, gut verschließen. **VII** Päckchen auf den Grill legen. **VIII** Bratkartoffeln wie beschrieben zubereiten. **IX** Den gegarten Lachs mit dem Selleriegemüse aus der Folie nehmen und servieren.

„Junkie"-Lachs, serviert auf Island, Rezept Seite 104

Island

Hoch oben im Nordatlantik, quasi auf halber Strecke zwischen Europa und dem amerikanischen Kontinent, liegt Island – Mekka der Meeresangler und für Lachsangler einer der teuersten Hotspots der Welt. Die Landschaft ist atemberaubend, rau und unwirklich. Hohe Klippen, unzählige Fjorde, einsame Seen, murmelnde Bäche, die von Gletschern gespeist werden, tundraähnliche Täler, baumlos und trotzdem grün, übersät mit alten wissenden Steinen, hinter denen man jeden Moment einen grinsenden Troll erwartet, der sich köstlich über den staunenden Fremdling zu amüsieren scheint.

In dieser Märchenlandschaft, die oft nur von einer einzigen Straße durchzogen wird, finden sich hier und da kleine Orte mit einfachen bunten Holzhäusern, meist um einen Hafen gruppiert. Diese Häfen sind für die Isländer Lebens- und Erwerbsgrundlage Nummer eins, denn Island lebt von und mit dem Fisch.

Eine Zone von 200 Seemeilen sorgt für Schutz vor den Fischereiflotten anderer Nationen und eine von der Regierung verordnete, strenge Quotenregelung schützt die Fischbestände vor allzu geschäftstüchtigen Fischern aus der eigenen Bevölkerung. Der Erfolg gibt den Isländern Recht. Egal, wo der angelnde Tourist seine Köder im Meer versenkt – er fängt. So unendlich viele Dorsche, Steinbeißer oder Plattfische wie vor Islands Küste findet man, glaube ich, weltweit kein zweites Mal.

Nach unserer Ankunft zu den Dreharbeiten für „Fish 'n Fun" haben wir nur aus Jux und Tollerei mal eben mit Fetzenködern im Hafen das Abend-

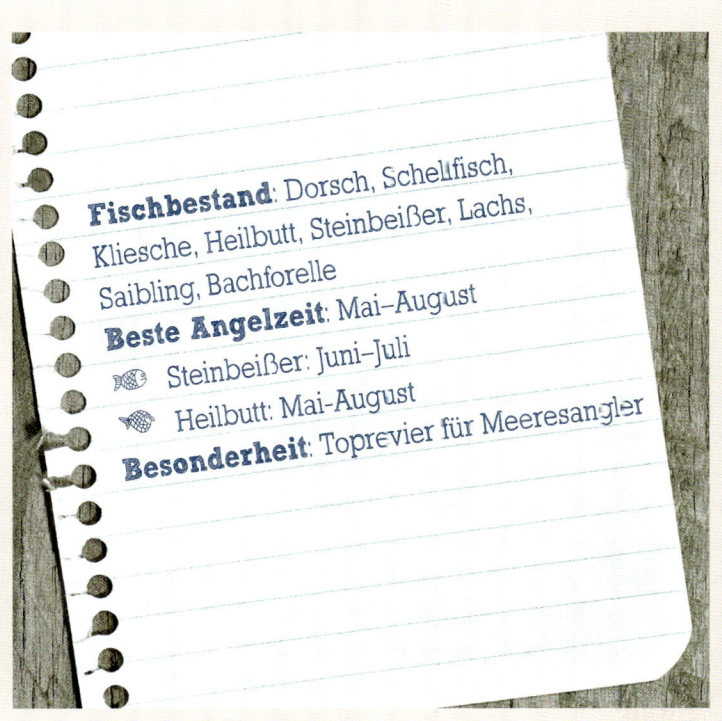

Fischbestand: Dorsch, Schellfisch, Kliesche, Heilbutt, Steinbeißer, Lachs, Saibling, Bachforelle
Beste Angelzeit: Mai–August
Steinbeißer: Juni–Juli
Heilbutt: Mai–August
Besonderheit: Toprevier für Meeresangler

essen für das gesamte Team, immerhin 16 Personen, in nur zwei Stunden gefangen – mit zwei Ruten wohlgemerkt! Wem also der Sinn nach Angeln auf Dorsch, Plattfisch und Co. steht, der findet hier sein Paradies.

Island wird in Deutschland von zwei Veranstaltern angeboten. Die Reiseziele befinden sich hauptsächlich in den Westfjorden, die auch bei rauem Wetter und viel Wind noch beangelt werden können. Die Unterkünfte sind einfach gehalten. Luxushotels mit fünf Sternen sucht man vergeblich. Dafür sind die Boote, die den angelnden Besuchern zur Verfügung stehen, absolut spitze. Hier wird wirklich nicht gespart und man merkt, dass die Sicherheit der Angler oberste Priorität genießt. Dorsche bis weit über 20 kg werden täglich angelandet und das

in Stückzahlen, von denen ein Meeresangler hierzulande kaum zu träumen wagt. Dazu kommen im Juni und Juli Steinbeißer und Heilbutt, die auf Island nicht professionell befischt werden. Während der Dreharbeiten konnte so ein Monster gehakt werden. Der Fisch zog die gesamte Schnur – ca. 400 Meter von der Rolle – und das war's! Bei entsprechendem Gerät sind mit Sicherheit gewaltige Fische zu erwarten. Aber Island bietet nicht nur Meeresangeln der Extraklasse. Die Süßwasserangelei, bis dato kaum entdeckt – abgesehen von den Weltklasse-lachsflüssen an der Ostküste des Landes –, bietet exzellenten Sport. Wer hier als Angler mit der Spinn- oder Fliegenrute abseits der bekannten Flüsse auf Entdeckungstour geht, wird mit traumhaften Stunden belohnt. Ein kleiner Glet-

scherbach, an dem wir gedreht haben, barg eine ungeahnte Fülle arktischer Saiblinge. Keine Riesenfische, aber dafür von makelloser Schönheit und ausgesprochen kampfstark. Kleine pinkfarbene Streamer und blau-rote Nymphen sowie rotsilberne Spinner fingen nahezu in jedem Kolk ein paar dieser blitzblanken Salmoniden, die dann von Steffen exzellent zubereitet jedem Gourmettempel zur Ehre gereicht hätten. Findet man dann noch einen der vielen kleinen Bergseen mit einem Auslauf in Richtung Atlantik, kann man, wie wir während der Dreharbeiten, den König der Fische, den Atlantischen Lachs (Salmo salar), an den Haken bekommen. Die Lachsfischerei ist auf Island nicht zuletzt wegen ihrer Einzigartigkeit exorbitant teuer. Die Flüsse im flachen Ostteil des Landes sind geradezu unbezahlbar. Sucht man sich jedoch in den Westfjorden die entsprechenden Gewässer, ist die Tageskarte

mit derzeit umgerechnet 20–30 € durchaus er-
schwinglich. Zum Vergleich: Spitzenflüsse auf
Island verlangen Preise ab ca. 800 € aufwärts
pro Tag! Die Wirtschaftskrise in Island hat sich
zumindest auf das Preisniveau der Edelreviere
noch nicht ausgewirkt.

Wir haben mit Sbirolinorute und Wollybugger
als Köder in knapp drei Stunden zwei Lachse
und gut ein Dutzend Bachforellen in einem der
Bergseen gefangen und glaubt mir, den Fang
solch eines Lachses mit gut sechs Kilo Gewicht
vergisst man sein ganzes Leben lang nicht mehr.
Also, auf ihr Angler – reist ins Land der Elfen
und Trolle und wer weiß, vielleicht berührt
euch ja eine der grazilen Feen mit ihrem silbrig
glänzenden Finger und ihr fangt dann den Fisch
eures Lebens auf Island – der Feuerinsel hoch
oben im Norden des großen Meeres.

„Jägerschnitzel" von der Makrele mit gegrillten Kartoffeln und Oliven

 Zubereitungszeit: 25 Minuten

4 große Kartoffeln
Olivenöl zum Bepinseln
100 g schwarze Oliven, ohne Kern
2 EL Olivenöl
Salz und Pfeffer aus der Mühle

400 g gemischte Pilze (z.B. Champignons, Steinpilze, Butterpilze, Shiitake)
2 Schalotten
1 Bund Schnittlauch
2 EL Butter
80 ml Sahne
Salz und Pfeffer aus der Mühle

4 Makrelen
Olivenöl zum Braten
1 Bund Rosmarin
2 EL Butter

1 Die Kartoffeln mit Schale in Salzwasser al dente kochen, halbieren und mit Olivenöl bepinseln, auf dem Grill goldbraun rösten. Die Oliven bis auf acht Stück fein hacken und mit Olivenöl, Salz und Pfeffer vermischen. Wenn die Kartoffeln fertig sind, etwas von den gehackten Oliven auf die Schnittflächen geben und mit je einer ganzen Olive garnieren.

2 Die Pilze mit einem Tuch oder Pinsel reinigen und in Scheiben schneiden, die Schalotten fein würfeln und den Schnittlauch so fein wie möglich schneiden. Die Pilze in der Butter anbraten, anschließend die Schalotten zugeben und anschwitzen, mit Sahne ablöschen und einmal aufkochen lassen. Mit Salz und Pfeffer aus der Mühle würzen, kurz vor dem Anrichten den fein geschnittenen Schnittlauch unterrühren.

3 Wer die Makrelen selbst filetiert, sollte die Schwanzflosse dranlassen – das ist relevant für die Optik, nicht für den Geschmack. Wenn die Makrelen der Fischhändler filetiert, einfach darum bitten, dass er sie dranlässt.

4 Die Makrelenfilets in heißem Olivenöl auf der Hautseite scharf anbraten. Hitze etwas reduzieren, dann den Rosmarin und die Butter zugeben, die Filets umdrehen und maximal noch eine Minute auf dem Grill oder dem Herd lassen, dann die Pfanne wegziehen und den Fisch eine Minute ruhen lassen. Kartoffeln mit den Oliven auf den Tellern anrichten, die Pilze in der Sauce daneben garnieren. Mit den Makrelenfilets belegen und servieren.

„Einen guten Koch erkennt man nicht daran, wie er einen Hummer oder Gänseleber verarbeitet, sondern wie er Schnittlauch schneidet."
Kleine Küchenweisheit

Steffen zeigt wie's geht **So zieh ich der Meerbarbe die letzte Gräte:**

Die Meerbarbe der Länge nach halbieren. Wenn die Barbe auf der Haut liegt, kann man deutlich erkennen, in welche Richtung die Fleischfaser zeigt. Genau in dieser Richtung die Gräten mit einer groben Pinzette entfernen, das Stück mit der anderen Hand fixieren.

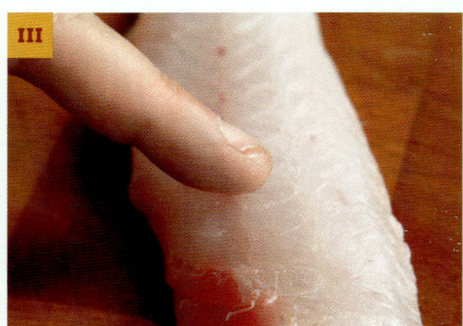

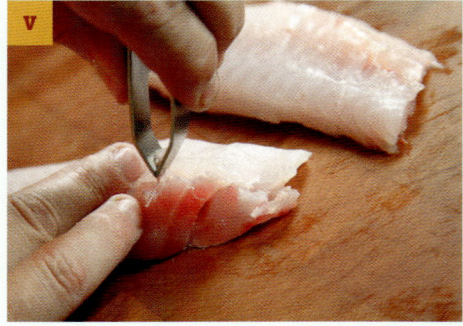

Meerbarbe mit Tomaten, Oliven, Lauchzwiebeln und Kartoffelpüree

 Zubereitungszeit: 25 Minuten

6 **kleine Kartoffeln, mehlig kochend**
(ca. 400 g)
250 g **Sahne**
2 EL **Butter**
Salz und Pfeffer aus der Mühle

4 **Roma-Tomaten/Eiertomaten**
1 Bund **Lauchzwiebeln**

4 **Meerbarbenfilets**
1 EL **Olivenöl**
1 EL **Butter**
1 EL **Pinienkerne**
1 **Rosmarinzweig**
1 **Thymianzweig**
1 **Knoblauchzehe, geschält und fein**
gehackt
16 **schwarze Oliven**
Salz und Pfeffer aus der Mühle

Zum Garnieren:
etwas Blattpetersilie
1 EL **Thai-Basilikumblüten**
(oder kleine Blätter nach Wahl)

Zusätzlich benötigtes Material:
1 **Kartoffelpresse**

1 Die Kartoffeln schälen, klein schneiden und in einem Topf mit Salzwasser bedeckt weich kochen. Das Wasser abgießen, mit der Sahne auffüllen und die Butter zugeben, kurz aufkochen lassen und dann die Kartoffeln durch die Presse drücken und abschmecken.

2 Die Tomaten vierteln und vom Kerngehäuse befreien, mit einem sehr scharfen Messer die Haut entfernen und die Filets in eine Schüssel geben. Die Lauchzwiebeln klein schneiden und zu den Tomaten geben.

3 Meerbarbenfilets in einer heißen Pfanne im Olivenöl mit der Hautseite nach unten kross anbraten. Wenn die Haut schön knusprig ist, die Butter zugeben und den Fisch wenden. Mit einem Löffel die Filets eine Minute lang immer wieder mit der Bratbutter übergießen. Die Filets herausnehmen und warm halten. Nun die vorbereiteten Tomaten und die Lauchzwiebeln mit Pinienkernen, Rosmarin, Thymian, Knoblauch und Oliven in der Pfanne zwei bis drei Minuten braten, dabei immer wieder umrühren oder die Pfanne rütteln. Mit Salz und Pfeffer abschmecken.

4 Zum Servieren das Kartoffelpüree auf Tellern anrichten und mit der gebratenen Barbe belegen. Mit dem Tomaten-Oliven-Gemüse garnieren, mit Petersilie und Basilikumblüten bestreuen.

Plötzen-Burger (Angies Grilletta*)

Zubereitungszeit: 20 Minuten

400 g **Plötzenfilets, küchenfertig**
2 **Schalotten**
100 g **Toastbrot, gerieben**
1 **Ei**
1 TL **Rosmarin, gehackt**
Salz und Pfeffer aus der Mühle
50 g **Toastbrot, gerieben, zum Wenden**
2–3 EL **Olivenöl zum Braten**

4 **Burger-Brötchen**
1 Becher **saure Sahne (200 g)**
1 EL **Senf**
1 Bund **Schnittlauch**
Salz und Pfeffer aus der Mühle

2 **Tomaten, in Scheiben geschnitten**
etwas **Eisbergsalat**
1 **Schalotte, geschält und in Ringe geschnitten**

1 Die Fischfilets in ganz kleine Würfel schneiden und in eine gekühlte Schüssel geben. Schalotten schälen, klein würfeln, mit dem geriebenen Weißbrot, dem Ei und dem Rosmarin zum Fisch geben, gut vermengen und mit Salz und Pfeffer würzen. Aus der Masse vier Burger formen und im geriebenen Weißbrot wenden. In einer Pfanne in Olivenöl bei nicht zu starker Hitze von beiden Seiten braten.

2 Die Burger-Brötchen kurz in den Ofen legen oder in der Pfanne erwärmen. Die saure Sahne mit Senf und fein geschnittenem Schnittlauch verrühren, mit Salz und Pfeffer abschmecken.

3 Die Burger-Brötchen quer aufschneiden. Die unteren Hälften mit saurer Sahne bestreichen. Etwas gewaschenen Eisbergsalat, ein paar dünne Tomatenscheiben und einige Schalottenringe darüber geben und mit je einem Fischburger belegen. Mit Schalottenringen, Tomatenscheiben und einem Klecks saurer Sahne abschließen. Den Brötchendeckel darauf legen und genießen.

* Diese Folge haben wir bei Fish 'n Fun direkt vor dem Kanzleramt gedreht, daher wurden die Plötzen-Burger kurzerhand zu Ehren der Bundeskanzlerin umbenannt.

Regenbogenforelle mit Kräuterkruste und Schalotten-Blutwurst-Schmarrn

 Zubereitungszeit: 35–40 Minuten

100 g **Schalotten, geschält**

2 EL **Butter**

100 g **Pinienkerne**

50 g **Blutwurst**

4 **Eier**

300 g **Weizenmehl, Type 405**

1 Prise **Backpulver**

½ l **Milch**

1 Bund **Blattpetersilie**

1 TL **Thymianblättchen, gehackt**

Salz und Pfeffer aus der Mühle

1 EL **Butter zum Braten**

50 g **Butter**

20 g **Petersilie**

1 **Rosmarinzweig**

1 **Zitronenverbenenzweig**

1 **Knoblauchzehe, geschält und durch die Presse gedrückt**

1 **Eigelb**

100 g **Toastbrot, gerieben**

Salz und Pfeffer aus der Mühle

1 Für den Schmarrn die Schalotten klein würfeln, in Butter glasig schwitzen, die Pinienkerne zwei bis drei Minuten mitbraten, dann die in Würfel geschnittene Blutwurst zugeben und ein paar Mal schwenken. Pfanneninhalt auf einen Teller geben und kalt werden lassen.

2 Zwei Eier trennen, dann die beiden Eigelbe mit den zwei ganzen Eiern, dem Mehl, dem Backpulver und der Milch in einer Schüssel glatt rühren. Die Petersilie fein hacken und mit dem Thymian zum Teig geben mit Salz und Pfeffer würzen.

3 Die zwei Eiweiß steif schlagen und vorsichtig unter den Teig heben. Etwas Butter in einer beschichteten Pfanne schmelzen. Die Masse zugeben, mit einem Löffel die Schalotten-Blutwurstmischung darüber verteilen. Den Eierkuchen von beiden Seiten bei nicht zu starker Hitze goldgelb braten, dann auf ein Brett stürzen.

4 Die Butter in eine kleine Schüssel geben und weich werden lassen. Petersilie, abgestreifte Rosmarinnadeln und Verbenenblättchen sehr fein hacken, mit dem durchgedrückten Knoblauch, dem Eigelb und dem geriebenen Brot zur Butter geben, mit einer Gabel alles gut vermischen. Mit Salz und Pfeffer würzen und die Mischung ruhen lassen.

4 Forellenfilets mit Haut
2 EL Olivenöl zum Braten
1 Rosmarinzweig
1 Thymianzweig

5 Die Forellenfilets sorgfältig entgräten und auf der Fleischseite mit der vorbereiteten Kräutermasse etwa einen halben Zentimeter dick bestreichen. Das Olivenöl in einer Pfanne nicht zu heiß erhitzen. Die Filets mit der Krustenseite nach unten einlegen und braten, bis die Kruste knusprig gelb ist. Die Filets vorsichtig wenden, den Rosmarin- und Thymianzweig einlegen und den Fisch braten, bis auch die Hautseite kross geröstet ist.

6 Den vorgebratenen Schmarrn in gleichmäßige Rauten schneiden und diese nochmals kurz in der Pfanne erhitzen.

7 Zum Anrichten je ein überkrustetes Forellenfilet auf Teller geben, mit einigen Schmarrn-Rauten garnieren und servieren.

Kokos-Kürbis-Gnocchi mit Regenbogenforelle aus der Kaffeetasse

 Zubereitungszeit: 45 Minuten

300 g **mehlig kochende Kartoffeln,**
geschält
1 EL **Kartoffelstärke**
3 **Eigelb**
2 EL **Kokosraspel**
Kartoffelstärke zum Ausrollen

1 **Muskatkürbis**
50 g **Butter**
200 ml **Kokosmilch**
Salz und Pfeffer aus der Mühle
2 EL **Parmesan, gerieben**

4 **Toastbrotscheiben, gewürfelt**
2 EL **Butter**
1 **Rosmarinzweig**
1 **Knoblauchzehe, gequetscht**
1 EL **Crème fraîche**
1 **Eigelb**
1 **Bund Dill**
Salz und Pfeffer aus der Mühle

4 **Forellenfilets ohne Haut**
Salz und Pfeffer aus der Mühle
1 EL **Butter für die Tassen**

Zum Garnieren:
20 g **Kürbiskerne (nach Belieben**
kurz angeröstet)
4 EL **Kürbiskernöl**

Zusätzlich benötigtes Material:
4 **dickwandige, feuerfeste Tassen**
1 **Wellholz (Teigrolle)**

1 Kartoffeln in Salzwasser weich kochen, ausdampfen und erkalten lassen, zusammen mit Kartoffelstärke, Eigelb und Kokosraspeln zu einem weichen Teig kneten, mit einem Tuch bedeckt zehn Minuten ruhen lassen. Teig etwa zwei Zentimeter dick ausrollen, davon zentimeterdicke Streifen schneiden. Die Streifen einzeln auf etwas Kartoffelstärke zu einer Wurst rollen, mit dem Messerrücken zwei bis drei Zentimeter große Stückchen abtrennen und mit einem Gabelrücken leicht eindrücken. Gnocchi in siedendem Salzwasser zwei bis drei Minuten garen, bis sie aufsteigen, anschließend im Sieb gut abtropfen lassen.

2 Kürbis würfeln und in Butter unter Rühren anschwitzen. Abgetropfte Gnocchi in eine Pfanne füllen, mit Kokosmilch begießen, zum Kochen bringen und etwas reduzieren, Pfanne ab und zu schwenken. Kürbis zu den Gnocchi geben, weitere fünf Minuten köcheln lassen. Mit Salz und Pfeffer abschmecken. Kurz vor dem Servieren geriebenen Parmesan vorsichtig untermischen, Gnocchi warm halten.

3 Toastbrotwürfel in einer Pfanne mit Butter und Rosmarinzweig sowie der angequetschten Knoblauchzehe goldgelb braten. In eine Schüssel geben und erkalten lassen, dann Crème fraîche, Eigelb und fein geschnittenen Dill zugeben, gut vermischen, mit Salz und Pfeffer würzen.

4 Forellenfilets mit Salz und Pfeffer würzen. Große Tassen mit Butter ausreiben und Filets mit der fetteren Hautseite an der Tasseninnenseite entlang einlegen. Vorbereitete Toastbrotmasse in die Mitte füllen, die Tassen in einen Topf stellen. Mit kochendem Wasser bis zur halben Höhe der Tassen aufgießen, den Topf mit einem Deckel bedecken und das Ganze zwanzig Minuten leise sieden lassen.

5 Gnocchi auf Teller anrichten, gefüllte Forellenröllchen aus den Tassen stürzen und darauf platzieren. Mit Kürbiskernen bestreuen, mit Kürbiskernöl beträufeln, servieren.

Fliegenfischen an der Save

Slowenien mit seinen glasklaren Flüssen, den hohen Bergen und seinen tiefgrünen Wäldern ist für mich der Inbegriff der Alpen. Die Hauptstadt Ljubljana vereinigt auf einzigartige Weise den Charme der K.u.k.-Monarchie Österreichs mit der lockeren leichten Art ihrer mediterranen Nachbarn. Eine der schönsten Gegenden der Alpenrepublik ist meiner Meinung nach die Gegend zwischen Bled und Bistrica, die dem ambitionierten Fliegenfischer Gelegenheit gibt, seinem Hobby in traumhaft schöner Umgebung nachzugehen. Der Fluss Sava Bohinjka – auch unter dem Namen Wocheiner Save bekannt – ist zwischen den beiden Seen Bohinjsko Jezero (Wocheiner See) und Blejsko Jezero (Bleder See) in drei Abschnitte aufgeteilt. Der obere und untere Teilbereich ist von Vereinen bewirtschaftet, der mittlere Teil wird von staatlichen Fischereibehörden geleitet.

Wenn man mit der Fliegenrute am Fluss entlangwandert, zeigt er hinter jeder Biegung ein neues Gesicht. Mal fließt die Save ruhig, fast behäbig, mal plätschert sie munter über flache Kiesberei-che, um dann gleich nach der nächsten Kehre wild und überschäumend durch eine Klamm zu toben.

Die Bewohner der Save gehören überwiegend zur Familie der Salmoniden. Hier gehen in erster Linie Bachforelle, Regenbogner und Saibling an den Haken. Aber auch der Äschenbestand ist in einigen Bereichen hervorragend. Slowenien war bis vor einigen Jahren der weltgrößte Äschenproduzent mit ca. drei Millionen Brütlingen pro Jahr. Leider hat der Kormoran die Bestände gewaltig dezimiert, sodass heute nur noch ca. eineinhalb Millionen Brütlinge pro Jahr gezogen werden. Der gesamte Fluss ist ausschließlich den Fliegenfischern vorbehalten. Alle übrigen Angler dürfen die beiden Seen befischen und auf große Karpfen, Seesaibling, Hechte sowie kapitale Zander hoffen. Apropos Zander: Der größte, den ich vor Ort gesehen habe, wog satte 17,5 kg bei einer Länge von 102 Zentimetern.

In Bled selbst gibt es einen kleinen Angelladen, der auf minimalem Platz ein maximales Angebot unterhält. Im „Fauna Bled" findet der Neuling

Fischbestand: Äsche, 🐟 Bachforelle, Regenbogenforelle, Bachsaibling 🐟
Beste Angelzeit: Mai–September
Topköder: CDC-Fliege, Blue Duns, Emerger, Sedge, Steinfliegen, Buck Caddis, Black Ants Goldkopfnymphen 🐟
Besonderheit: Wohnen direkt am Fluss, großartiger Bestand, traumhafte Gegend

alle fängigen Fliegenmuster für die Sava und darüber hinaus so manchen guten Tipp. Ich selbst fische gerne das Teilstück bei Brod, kurz hinter Bistrica. Eine malerische Holzbrücke führt zu diesem kleinen Ort, in dem Ruhe und Abgeschiedenheit für Erholung vom stressigen Alltag sorgen. Wer das Glück hat, dort ein Zimmer oder eine andere private Unterkunft zu bekommen, der fällt quasi aus dem Bett und steht am Fluss. Hier habe ich mit kleinen Blue Duns, Black Ants, Buck Caddis und abends auch mit braunen und schwarzen Sedges so manche Forelle und Äsche überlistet. Auch meine Frau, die gelegentlich mit mir die Fliegenrute schwingt – damit sie mich überhaupt mal zu Gesicht bekommt – hat dort so manchen schönen Fisch gefangen. Bei meinen sommerlichen Besuchen war die beste Zeit für die Angelei der frühe Morgen bis ca. 11.30 Uhr. In der recht heißen Mittagspause geht man einen Happen essen oder liegt faul am Fluss in der Sonne. Nachmittags ab 16 bis 17 Uhr steigt der ambitionierte Fliegenfischer erneut in seine Wathose

und fischt bis in die Dunkelheit. Der sogenannte Abendsprung, der meist bei hereinbrechender Dämmerung einsetzt, zeigt dem Angler jeden Abend aufs Neue die beeindruckende Menge an steigenden Fischen, die in diesem Ausnahmegewässer zu Hause sind. Ich habe oft im Fluss gestanden und wusste nicht, welchen Ring ich zuerst anwerfen sollte. Die gefangenen Fische werden überwiegend released; man kann jedoch eine Lizenz erwerben, die es gestattet, täglich drei Fische zu entnehmen. Solch eine frische Forelle, abends bei Kerzenschein auf der Terrasse serviert, dazu ein Glas Wein und der leise Gesang der Grillen – das ist für mich Urlaub vom Allerfeinsten und pure Romantik. Bis jetzt wurde an diesem Fluss noch keine Folge für „Fish 'n Fun" gedreht, aber spätestens bei der nächsten Staffel werden wir die traumhafte Fischerei dort mit der Kamera einfangen. Das Tal der Save zwischen Bled und Bistrica lohnt einen Besuch auf alle Fälle.

Schwarzer Saibling mit Kartoffel-Petersilien-Gemüse

 Zubereitungszeit: 25 Minuten

4 Saiblingsfilets
Salz aus der Mühle
50 g getrocknete Herbsttrompeten,
gemahlen
20 ml Olivenöl
20 g Butter

400 g Kartoffeln, fest kochend
1 Zwiebel
1 Knoblauchzehe
30 ml Olivenöl
50 g Butter
100 ml Geflügelbrühe
250 g Sahne
400 g Petersilie, fein gehackt
Salz und Pfeffer aus der Mühle

etwas Olivenöl extra vergine zum
Beträufeln

1 Die entgräteten Filets leicht salzen, mit der Fleischseite in die gemahlenen Herbsttrompeten legen, leicht andrücken und in einer Pfanne mit etwas Olivenöl und Butter vorsichtig anbraten. Die Filets wenden und auch die Hautseite knusprig braten.

2 Die Kartoffeln schälen und in kleine Würfel schneiden, die Zwiebel schälen, klein schneiden und den Knoblauch ungeschält mit einem breiten Messer zerdrücken. Olivenöl mit Butter in einem Topf erhitzen. Kartoffeln, Zwiebeln und Knoblauch anschwitzen, mit der Geflügelbrühe ablöschen, die Sahne und die fein gehackte Petersilie unterrühren und ca. 15 Minuten köcheln. Wenn die Kartoffeln gar sind, mit Salz und Pfeffer abschmecken.

3 Kartoffeln auf Teller anrichten und mit je einem Saiblingsfilets belegen. Etwas Olivenöl darüber träufeln und servieren.

Scholle mit Speck und Krabben-Potatoes

 Zubereitungszeit: 25–30 Minuten (je nach Größe der Kartoffeln)

8 Kartoffeln
Salz aus der Mühle

4 Schollen
Meersalz und Pfeffer aus der Mühle
Mehl zum Bestäuben
4 EL Olivenöl
400 g Frühstücks-Bacon,
in feine Streifen geschnitten
4 Schalotten, gewürfelt
1 EL Butter
50 g Petersilie, gehackt

200 g Nordseekrabben, gepult
200 g Crème fraîche

1 Die Kartoffeln gründlich waschen. Einzeln auf je ein Stück Alufolie legen, mit Salz bestreuen und einpacken. Im Ofen oder auf dem Grill weich garen.

2 Die Schollen mit Meersalz und Pfeffer würzen und mit etwas Mehl bestäuben. In einer beschichteten Pfanne das Olivenöl erhitzen. Schollen einlegen und dreieinhalb Minuten anbraten, dann den Fisch wenden und den in feine Streifen geschnittenen Speck und die Schalotten zugeben (siehe Tipp) und weitere dreieinhalb Minuten braten. Kurz vor Schluss die Butter zugeben und fertig braten. Gehackte Petersilie unterrühren.

3 Die gegarten Kartoffeln auf Teller verteilen, mit einem Messer zur Hälfte einschneiden, die Öffnung mit Krabben füllen und mit Crème fraîche überziehen. Die Schollen daneben anrichten, Speck mit Schalotten und etwas Bratfett aus der Pfanne darüber geben und servieren.

Tipp: *Sollte die Pfanne zu klein sein, einfach die Schalotten und den Speck in einer separaten Pfanne zubreiten.*

Lasagne vom Stör mit Tomatenbutter

 Zubereitungszeit: 25 Minuten

400 g **Lasagne-Teigplatten, blanchiert**
600 g **Störfilet**
Butter zum Bepinseln
Salz und Pfeffer aus der Mühle
1 Bund **Basilikum**

1 kg **Eiertomaten**
8 **Schalotten**
1 **Knoblauchzehe**
2 EL **Olivenöl**
Salz und Pfeffer aus der Mühle
250 g **Butter**
1 **Rosmarinzweig**
1 Prise **Zucker**

Zusätzlich benötigtes Material:
Möglichkeit für ein Wasserbad

1 Die Lasagneplatten halbieren, den Stör in dünne Scheiben schneiden. Auf kleinen, gebutterten Tellern abwechselnd eine Nudelplatte mit Stör belegen, würzen, etwas klein gezupftes Basilikum darüber streuen, dann wieder eine Nudelplatte und so weiter schichten, bis der ganze Fisch aufgebraucht ist. Die Teller für sechs bis sieben Minuten im Wasserbad garen (siehe Schritt-für-Schritt-Bilder).

2 Die Tomaten waschen, vierteln und vom Kerngehäuse befreien. Die Haut mit einem scharfen Messer entfernen (siehe Seite 7), Tomatenfilets in grobe Würfel schneiden. Die Schalotten und den Knoblauch schälen, fein würfeln und in etwas Olivenöl anschwitzen. Die Tomaten hinzufügen, mit Salz und Pfeffer würzen und zum Kochen bringen. Die gewürfelte Butter und den Rosmarin unterrühren, alles sieben bis acht Minuten köcheln lassen. Dann die Tomaten mit einem Schneebesen oder einer Schaumkelle etwas zerdrücken, die Sauce nach Belieben mit einer Prise Zucker abschmecken (der Zucker mindert die mögliche Säure der Tomaten).

3 Die gegarte Lasagne vorsichtig auf Teller anrichten und mit etwas Sauce umgießen, wer möchte, kann die Sauce auch darübergießen.

Steffen zeigt wie's geht Extrem-Outdoor-Pochieren

Tipp: *Statt der Aïoli schmeckt das Wallergulasch auch mit einem Klecks saurer Sahne gut.*

Waller-Gulasch mit Gewürzgurken-Aïoli

 Zubereitungszeit: 35 Minuten

2–3 **Knoblauchzehen**
2 Msp. **Salz**
½ **Chilischote, grob gehackt**
1 **Eigelb**
100 ml **Olivenöl**
1 **Zitrone, ausgepresst**
6 **Gewürzgurken, fein gehackt**

je 3 **rote und gelbe Gemüsepaprika**
10 **fest kochende Kartoffeln**
6 **Eiertomaten**
2 **rote Zwiebeln**
2 **Knoblauchzehen**
50 ml **Olivenöl**
2 **Sternanis**
4–5 **Safranfäden**
je 1 **Rosmarin- und Thymianzweig**
300 ml **Wasser**
4 cl **Noilly Prat**

600 g **Wallerfilets**
Salz und Pfeffer aus der Mühle
1 Bund **Blattpetersilie, fein gehackt**

Zusätzlich benötigtes Material:
1 **Mörser**

1 Knoblauchzehen schälen und grob zerkleinern, mit zwei Messerspitzen Salz und dem gehackten Chili in einem Mörser zu einem glatten Brei stampfen. Eigelb zugeben und gut vermischen. Das Olivenöl zuerst tröpfchenweise, dann löffelweise hinzufügen und einarbeiten. Zum Schluss die Aïoli mit Zitronensaft abschmecken und mit den gehackten Gewürzgurken verrühren.

2 Paprikaschoten waschen, entkernen und in nicht zu kleine Stücke schneiden, die Kartoffen schälen, Tomaten ebenfalls waschen, alles in gleichgroße Stücke schneiden. Die Zwiebeln und den Knoblauch schälen, klein würfeln und im Olivenöl glasig anschwitzen. Das vorbereitete Gemüse und die Kartoffeln dazugeben, den Sternanis, den Safran sowie den fein gehackten Rosmarin und Thymian hinzufügen, mit Wasser und Noilly Prat aufgießen und alles etwa zwanzig Minuten köcheln lassen.

3 Den Waller mit Haut in breite Streifen schneiden, mit Salz und Pfeffer würzen. Den Fisch fünf Minuten vor Ende der Kochzeit zum Eintopf geben und mitköcheln. Zum Schluss die fein gehackte Petersilie unterrühren, das Gulasch mit Salz und Pfeffer abschmecken.

4 Zum Servieren den Eintopf auf Teller anrichten, die Aïoli getrennt dazu servieren, so dass sich jeder selbst bedienen kann.

Kross gebratener Wolfsbarsch mit Lardo, Selleriestroh und Strozzapreti

 Zubereitungszeit: 60 Minuten

6 reife Eiertomaten
2 Schalotten, geschält
2 Knoblauchzehen, geschält
4 EL Olivenöl
1 Rosmarinzweig
1 Thymianzweig
2 cl Noilly Prat
1 TL Zucker
Salz und Pfeffer aus der Mühle

Strozzapreti:
300 g Weizenmehl
4 Eier
2 EL Olivenöl
1 EL Wasser
½ TL Salz

1 kleine Sellerieknolle
Öl zum Herausbacken

4 Wolfsbarschfilets mit Haut
4 EL Olivenöl
1 Knoblauchzehe, zerquetscht
1 Rosmarinzweig
1 Oreganozweig
1 EL Butter
Salz und Pfeffer aus der Mühle

4 hauchdünne Lardoscheiben
(grüner Speck)

Zusätzlich benötigtes Material:
1 Nudelholz

1 Die Tomaten klein schneiden, die Schalotten und den Knoblauch fein würfeln. In einem Topf in Olivenöl Schalotten und Knoblauch anschwitzen, die Tomaten und die Kräuter zugeben, mit Noilly Prat, Zucker, Salz und Pfeffer würzen und die Sauce bei mittlerer Hitze 20 Minuten köcheln lassen.

2 Für die Strozzapreti Mehl, Eier, Olivenöl, Wasser und Salz in einer Schüssel zu einem glatten und festen Teig kneten, in Klarsichtfolie einpacken und eine Stunde ruhen lassen. Den Teig mit einem Nudelholz und etwas Mehl etwa einen halben Zentimeter dick ausrollen, in drei Zentimeter lange, einen halben Zentimeter dicke Streifen schneiden, diese zwischen den Händen auf fünf Zentimeter Länge rollen. Jeweils zwei Röllchen nehmen und miteinander verdrehen, die spitzen Enden leicht zusammendrücken. Die Nudeln in kochendem Salzwasser al dente kochen, anschließend im Sieb abtropfen lassen und mit der vorbereiteten Tomatensauce vermischen.

3 Den Sellerie schälen und in sehr dünne, strohähnliche Streifen schneiden und in einem hohen Topf im heißem Öl bei 160 °C (siehe Tipp auf Seite 91) goldgelb herausbacken. Auf etwas Küchenpapier abtropfen lassen und salzen.

4 Den Fisch würzen und mit der Hautseite nach unten in der Pfanne im Olivenöl scharf anbraten. Wenn die Haut schön kross ist, die Hitze etwas reduzieren, die Butter mit Knoblauch und Kräutern zugeben. Pfanne schwenken, wenn die Butter zerlaufen ist, den Fisch umdrehen, Pfanne zur Seite stellen und die Filets etwa drei Minuten ziehen lassen.

5 Zum Servieren die Pasta mit Tomatensauce auf Teller geben, mit je einem gebratenen Fischstück belegen, dieses mit einer dünne Scheibe Lardo bedecken und mit etwas Selleriestroh garnieren.

Steffen zeigt wie's geht Wolf aus dem Pelz

I + II Mit einem Sägemesser hinter den Kiemen leicht schräg und der Kopfform folgend bis zur Mittelgräte einschneiden. **III** An der Mittelgräte bis zum Schwanz entlang schneiden. **IV** Den Wolfsbarsch auf die Hautseite legen und nun mit zwei jeweils leicht angeschrägten Schnitten entlang der Mittelgräte einschneiden. Mit einem sehr scharfen Messer vorsichtig arbeiten, damit die Haut nicht durchschnitten wird. **V** An der Schwanzseite der Filets nun mit dem Daumen unter den keilförmig ausgeschnittenen Grätenstreifen gehen und diesen entfernen. Zwar entsteht dadruch etwas mehr Fleischabfall, diese Methode ist allerdings schneller als das Entfernen mit einer Grätenzange.

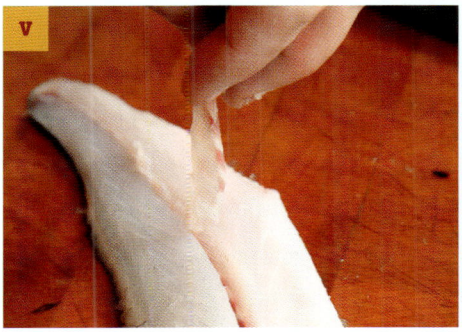

Kross gebratener Wolfsbarsch mit Lardo, Selleriestroh und Strozzapreti, Rezept Seite 133

Zander auf roten Kokos-Linsen mit kleinen Röstkartoffeln

 Zubereitungszeit: 25 Minuten

200 g **rote Linsen**

1 **rote Zwiebel**

1 **Knoblauchzehe**

50 g **Butter**

1 Dose **Kokosmilch (400 ml)**

20 g **Kokosflocken**

Salz aus der Mühle

80 g **gekochter Hinterschinken, gewürfelt**

20 g **Blattpetersilie, gehackt**

4 **fest kochende Kartoffeln**

200 ml **Olivenöl**

1 **Rosmarinzweig**

1 **Thymianzweig**

1 **Knoblauchzehe, gequetscht**

Salz aus der Mühle

800 g **Zanderfilets**

Salz und Pfeffer aus der Mühle

2 EL **Olivenöl**

1 **Rosmarinzweig**

1 **Knoblauchzehe, gequetscht**

20 g **Butter**

1 Die Linsen zehn Minuten in kaltem Wasser einweichen, anschließend im Sieb abtropfen lassen. Die Zwiebel und den Knoblauch schälen, in kleine Würfel schneiden und in der Butter anschwitzen. Linsen, Kokosmilch und Kokosflocken unterrühren, mit Salz abschmecken. Fünf Minuten köcheln lassen, dann den Schinken und die Petersilie zugeben und die Linsen nochmals fünf Minuten ziehen lassen.

2 Die Kartoffeln schälen, in kleine Würfel schneiden und kurz in kaltes Wasser legen, so verlieren sie Stärke. Die Würfel im Sieb abtropfen lassen und auf Küchenpapier gut abtrocknen. Das Olivenöl in einer Pfanne erhitzen, Kartoffeln mit Rosmarin, Thymian und gequetschtem Knoblauch zugeben und knusprig braten, die Kartoffelwürfel dabei hin und wieder wenden. Auf Küchenpapier abtropfen lassen und salzen.

3 Den Zander in vier Portionen teilen, mit Salz und Pfeffer würzen und auf der Hautseite im Olivenöl anbraten. Rosmarin und gequetschten Knoblauch zugeben, wenn die Haut schön kross ist, das Filet umdrehen und die Butter zugeben; je nach Dicke der Filetstücke in ein bis drei Minuten fertig braten. Danach die Pfanne zur Seite stellen und den Fisch zwei bis drei Minuten ruhen lassen.

4 Zum Anrichten die Kokos-Linsen mittig auf Teller geben, mit einem Zanderfilet belegen und die Röstkartoffeln außen herum streuen.

Kross gebratener Zander auf Perlgraupen-Risotto

 Zubereitungszeit: 30 Minuten

4 rote Gemüsepaprika
4 gelbe Gemüsepaprika
10 Schalotten
3 Knoblauchzehen
3 EL Olivenöl
200 g Perlgraupen
Salz aus der Mühle
½ l Geflügelbrühe
100 ml süße Sahne
150 g Parmesan (Parmigiano Reggiano),
fein gerieben
Salz und Pfeffer aus der Mühle

2 Zanderfilets mit Haut à 400–500 g
Salz und Pfeffer aus der Mühle
etwas Olivenöl
1 EL Butter
1 Knoblauchzehe, gequetscht
1 Rosmarinzweig

4 kleine Rosmarinzweige zum
Garnieren

1 Die Paprika waschen, entkernen, in ganz kleine Würfel schneiden und zur Seite stellen. Die Schalotten und den Knoblauch schälen und ebenfalls fein würfeln, dann im Olivenöl glasig anschwitzen. Die Graupen zugeben, salzen und mit der Brühe ablöschen. Etwa 15 Minuten bei kleiner Hitze köcheln lassen, dann die Paprikawürfel und die Sahne zu geben und nochmals gute fünf Minuten kochen, zum Schluss den fein geriebenen Parmesan unterrühren und abschmecken. Warm halten.

3 Die Zanderfilets jeweils halbieren, mit Salz und Pfeffer würzen. Die Filets mit der Hautseite nach unten in die heiße Pfanne mit Olivenöl geben und mit einer Palette leicht andrücken, damit die Haut glatt am Pfannenboden aufliegt. Wenn die Haut schön kross gebraten ist, die Butter, den gequetschten Knoblauch und den Rosmarin zugeben, den Fisch wenden und bei reduzierter Hitze fertig braten.

3 Zum Servieren den Fisch auf dem würzigen Perlgraupen-Risotto anrichten, nach Belieben mit Rosmarinzweigen garnieren.

Hopfensee

Ich habe in meinem Anglerleben viele gute Gewässer beangelt. Der Hopfensee im Allgäu ist mit Sicherheit eines der Besten. Egal ob Friedfisch oder Hecht, Barsch und Zander – dieser See ist unglaublich produktiv. Besonders herausragend ist meiner Meinung nach der Bestand an kapitalen Barschen. Fische von 40 bis 45 cm Länge sind eher die Norm als die Ausnahme. Nun heißt das aber nicht, dass einem im Hopfensee die Fische gleich reihenweise ins Boot springen. Apropos Boot – die Bootsangelei ist auf dem See weit verbreitet, da viele Uferzonen von breiten Schilfgürteln oder Teichrosenfeldern umsäumt werden. Motoren sind allerdings nicht gestattet. Aber bei einer Fläche von fast zwei Quadratkilometern sind die Distanzen zum jeweiligen Angelplatz auch mit Rudern mühelos zu bewälti-

gen. Ruderboote kann man vor Ort gegen Gebühr an mehreren Stellen ausleihen.

Der Hopfensee ist beileibe nicht einfach zu beangeln, aber mit Ausdauer und ein wenig Glück fängt man immer wieder wirklich schöne Fische von beeindruckender Größe. Der einzige Wermutstropfen ist die mangelnde Struktur im See. Gleichmäßig abfallende, eher seichte Uferzonen und eine größtenteils glatte Sohle sorgen dafür, dass zumindest Räuber wie Zander und Barsch auf der Suche nach Futter im See umherstreifen, also keine festen Standplätze haben. Ausnahmen bilden die teils recht breiten Schilfkanten und Teichrosengürtel (bis 50 m), in denen immer wieder schöne Hechte lauern und auch große Karpfen ihr schattiges Plätzchen haben. Außerdem gibt es die „Insel" – die einzige

Fischbestand: Karpfen, Aal, Weißfisch, Barsch, Zander, Hecht

Beste Angelzeit:
- Karpfen Mai–Oktober
- Barsch Juli–August
- Zander Mai–Oktober
- Hecht Mai und November/Dezember

Besonderheit: Schloss Neuschwanstein in der Nähe, hervorragende Gastronomie vor Ort

Erhebung im See, die bis auf zwei Meter Höhe unter dem Wasserspiegel ansteigt und sich ziemlich zentral im See befindet. Da die meisten Angler die „Insel" jedoch kennen, ist an dieser Stelle der Befischungsdruck entsprechend hoch. Experten, die seit vielen Jahren den See beangeln, suchen die Räuber meist im ganzen See und wählen Schleppmontagen oder Systeme, um tote Köderfische sozusagen in Zeitlupe über den See zu rudern, bis sie einen Schwarm Barsche oder Zander gefunden haben. Wo wir gerade beim Thema Raubfisch sind: Der Hopfensee ist eines der wenigen Gewässer, das neben einem großen Zander- und Barschbestand auch einen sehr guten Bestand an Hechten aufweist. Die wirklich großen Exemplare mit weit über einem Meter Länge werden allerdings meist im

November und Dezember erbeutet. Während der Dreharbeiten zu „Fish 'n Fun" im September 2008 konnten aber auch wir einen Hecht von 1,23 m Länge und einem Gewicht von fast 30 Pfund verhaften.

Neben den bereits aufgeführten Fischarten gibt es noch einen durchaus erwähnenswerten Bestand an Aalen, die sowohl in der Nähe des Einlaufs als auch vor dem etwas schlammigen Auslauf des Sees mit Tauwurm und Köderfisch zu fangen sind. Dem Karpfenangler bietet der Hopfensee jede Menge Schuppen – und Spiegelkarpfen in teils beachtlichen Größen, jenseits der Zehn-Kilo-Marke. Die Uferangelei ist an etlichen Stellen möglich. Da der See aber flach abfällt, sollte der Angelfreund Gerät mit ans Wasser nehmen, das weite Würfe von mindes-

tens 50–60 Metern zulässt. Feederruten, Karpfenruten und mittlere Grundruten sind deshalb durchaus zu empfehlen. Die Beute besteht meist aus verschiedenen Weißfischarten, die der See in enormen Mengen produziert. Es werden aber auch immer wieder große Karpfen vom Ufer aus gefangen. Die Posenangelei ist vom Ufer aus nicht unbedingt zu empfehlen.

Dass die Landschaft rund um den Hopfensee zu den schönsten Gegenden Deutschlands zählt, sei hier nur nebenbei erwähnt. Nicht umsonst baute König Ludwig II. von Bayern hier sein Schloss Neuschwanstein und so heißt die Gegend heute noch der „Königswinkel". Im Ort gibt es jede Menge Übernachtungsmöglichkeiten für den angelnden Gast. Und auch kulinarisch kann sich Hopfen am See durchaus sehen lassen: Von

gutbürgerlich bis zum Spezialitätenrestaurant reicht das Angebot der örtlichen Gastronomie. Sucht man als Angler eher Ruhe und Beschaulichkeit, sollte man die Hauptreisezeit meiden. Mai, Juni oder September bis November sind die Monate, in denen ich dort am liebsten fische. Und wer weiß, vielleicht treffen wir uns dort, ruderderweise bei der Jagd auf Zander und Barsch oder verträumt vor Anker liegend, um großen Karpfen auf die Schuppen zu rücken.

DESSERTS

Lasagne von Limettencrêpes und Schokoladen-Chili-Ganache mit Erdbeeren

 Zubereitungszeit: 60 Minuten

¼ l **Milch**
3 **Eier**
15 g **Zucker**
1 Prise **Salz**
Schalenabrieb von 2 unbehandelten
Limetten
100 g **Mehl**
1 EL **flüssige Butter**
Butter zum Herausbacken

140 g **Zartbitter-Kuvertüre**
60 g **Butter**
120 ml **Sahne**
1 kleine rote **Thai-Chili***

250 g **Erdbeeren**
1 Bund **Basilikum**
8 cl **Orangenlikör, z.B. Grand Marnier**
2 EL **alter Aceto Balsamico (8 Jahre)**

Schokoladen-Dekor oder Zartbitter-
Kuvertüre zum Selbermachen (siehe
Tipp und Seite 148/149)

Tipp: Aus Overhead-Folie Dreiecke ausschneiden und mit geschmolzener, 27–28 °C warmer Zartbitter-Kuvertüre bestreichen. Kurz kalt stellen, die Dreiecke vorsichtig von der Folie lösen und fertig ist das Schoko-Dekor.

* Es gibt eine Unmenge an Chilisorten – und die Schoten sind mal mehr und mal weniger scharf. Um die Schärfe richtig zu dosieren, ist es einfacher, sich auf eine Sorte festzulegen.

1 Milch und Eier mit dem Schneebesen in einer Schüssel verrühren, den Zucker, das Salz sowie die geriebene Limettenschale zugeben, dann das Mehl gesiebt einarbeiten, bis der Teig schön glatt ist. Zum Schluss die flüssige Butter unterrühren und den Teig fünf Minuten ruhen lassen. In der Pfanne mit wenig Butter nach und nach zehn schöne große Crêpes (dünne Pfannkuchen) herausbacken und auf einem Teller zur Seite stellen

2 Die Kuvertüre klein hacken und mit der Butter und der Sahne in eine Schüssel geben. Die Chilischote halbieren, das Kerngehäuse entfernen, die Schote in ganz feine Würfel schneiden und in die Schüssel geben. Unter Rühren im Wasserbad langsam erwärmen, bis die Kuvertüre geschmolzen ist (wenn keine frischen Chili zur Verfügung stehen, geht es auch mit getrockneten, diese am besten in einer Pfeffermühle mahlen oder gleich Chilipulver verwenden).

3 In eine passende Springform abwechselnd eine Crêpe und eine dünne Schicht von der Schokoladen-Chili-Ganache einfüllen, bis alles aufgebraucht ist. Die Form für mindestens eine Stunde kalt stellen. Statt einer runden Springform kann auch eine Kastenform verwendet werden, dann die Crêpes entsprechend zuschneiden.

4 Die Erdbeeren waschen, entstielen, in kleine Würfel schneiden und in eine Schüssel geben. Basilikumblätter in feine Streifen schneiden und zusammen mit dem Grand Marnier und dem Balsamico zu den Erdbeeren geben, gut vermengen und etwas ziehen lassen.

5 Zum Anrichten die Crêpe-Lasagne stürzen, in Stücke schneiden oder mit Ausstechern in Form bringen und auf Teller geben. Mit den marinierten Erdbeeren garnieren, nach Belieben mit flüssiger Schokolade und Schoko-Dekor-Stücken dekorieren.

Steffen zeigt wie's geht Lasagne-Dessert-Baukasten

I Kuvertüre im Wasserbad auflösen. **II** Overhead-Folien in handliche Stücke schneiden. **III** Folie auf dem Arbeitsbrett festdrücken. **IV** Mit einem Teelöffel etwa walnussgroße Tropfen auf die Folie bringen. **V + VI** Mit einem kleine Spachtel die Häufchen glattziehen. **VII** Den Vorgang einige Male wiederholen (je Lasagnestück benötigt man vier solcher Schokostreifen) **VIII** Das Lasagnetürmchen samt Erdbeere auf dem Dessertteller platzieren und mit flüssiger Schokolade an den Seiten bepinseln. **IX** Die getrockneten Schokostreifen auf der Overheadfolie bereitstellen und dann einzeln vorsichtig ablösen. **X** Die Schokostreifen an allen vier Seiten des Türmchens an der Schokolade ankleben. **XII** Mit Puderzucker bestäuben und evtl. mit der restlichen Erdbeer-Ganache garnieren.

Tipp: Die Tropfen kurz – allerdings nicht länger als 10 Minuten – in den Kühlschrank stellen, dann lassen sie sich leichter von der Folie lösen.

Espresso-Quarkkuchen im Glas

Zubereitungszeit: 35 Minuten

500 g **Magerquark**
160 g **Zucker**
2 Mokkatassen **Espresso, abgekühlt**
1 **Vanillestange, nur das Mark**
250 ml **süße Sahne**
1 P. **Sahnesteif**

1 **Tortenbiskuit, dunkel**
8 cl **weißer Kaffeelikör**

Zum Garnieren:
1 Schale **Himbeeren (200 g)**
dunkle Kuvertüre, geraspelt
etwas Staubzucker zum Bestäuben

1 Den Quark in eine Schüssel geben, mit zwei Dritteln des Zuckers, dem Espresso und dem ausgekratzten Mark der Vanillestange glatt rühren. Die Sahne mit dem restlichen Zucker in einer zweiten Schüssel knapp steif schlagen, dann das Sahnesteifpulver untermischen. Die steif geschlagene Sahne unter den Quark heben und kalt stellen.

2 Den Biskuitboden je nach Dicke quer halbieren. Mit einem Rotweinglas (oder mit einem anderen Glas, in dem der fertige Quarkkuchen auch serviert wird) acht bis zwölf Rondellen aus dem Biskuit ausstechen, auf einen Teller geben und mit dem Kaffeelikör beträufeln. Die Biskuitrondellen abwechselnd mit der Quark-Sahnecreme in die Gläser schichten und nochmals kurz kalt stellen.

3 Vor dem Servieren mit Schokoraspeln bestreuen, mit Himbeeren belegen, nach Belieben mit Staubzucker bestäuben und kühl servieren.

Tipps: *Wenn es keine Himbeeren gibt, schmeckt das Dessert auch mit anderen Beeren der Saison. Himbeeren wirken übrigens dank Ihrer Inhaltsstoffe stoffwechselanregend und unterstützen die Funktion des Gehirns und Nervensystems. Die in Himbeeren vorkommenden Polyphenole wirken als Antioxidanzien, ihnen wird u. a. eine krebshemmende Wirkung zugeschrieben*

Weißer Gewürz-Schokoladenschaum mit marinierten Heidelbeeren

 Zubereitungszeit: 35 Minuten

150 g weiße Kuvertüre, gehackt
500 ml Sahne
70 g Zucker
1 Vanillestange,
nur das ausgekratzte Mark
1 Prise Zimt, gemahlen
1 Prise Tonkabohne, gerieben
1 Msp. Sternanis, gemahlen
4 cl Orangenlikör, z.B. Grand Marnier

2 Schalen Heidelbeeren (à 200 g)
4 EL Zuckersirup (Zucker und Wasser
im gleichen Verhältnis gekocht)
4 cl schwarzer Johannisbeerlikör
(siehe Tipp)

Zum Garnieren:
4 Minzezweiglein
etwas Blattgold (nach Belieben)

Zusätzlich benötigtes Material:
1 Espumabläser (ersatzweise einen
normalen Sahnebläser verwenden)

1 Die Kuvertüre fein hacken oder reiben. Die Sahne zusammen mit dem Zucker, dem ausgekratzten Vanillemark und den Gewürzen aufkochen. Topf vom Herd ziehen, die gehackte Kuvertüre zugeben und rühren, bis sich die Schokolade aufgelöst hat. Grand Marnier zugeben, die Mischung in einen Espuma- oder normalen Sahnebläser füllen und kalt stellen.

2 Die Heidelbeeren mit Zuckersirup und Likör vermischt eine Stunde marinieren.

3 Zum Servieren die marinierten Blaubeeren mit Saft in hohe Gläser füllen. Die Schokoladensahne aus dem Bläser schaumig darüber spritzen und die Gläser mit etwas Minze und Blattgold garnieren.

Tipps: *Dieser luftige Schokoladenschaum ist ein wunderbares Dessert, wenn es schnell gehen muss. Es lässt sich gut vorbereiten, seine Optik begeistert die Gäste und es schmeckt himmlisch.*

Schwarzer Johannisbeerlikör lässt sich ganz einfach selber herstellen: *1 kg abgezupfte schwarze Johannisbeeren, 750 g Rohrohrzucker (mit viel Melasseanteil) und 1 ½ l Korn für acht Wochen in einer zugedeckten Glasschüssel an einem hellen, kühlen Ort ziehen lassen. Danach pürieren und den Likör durch einen Kaffeefilter in Flaschen abseihen.*

Kenia

Es gibt wohl kaum einen Angler, der nicht hin und wieder davon träumt, einmal im Leben die ganz Großen der Meere zu befischen. Kenia an der Ostküste des afrikanischen Kontinents ist für meine Begriffe ein ideales Ziel, um erste Erfahrungen bei der Jagd auf die großen Kämpfer der Ozeane zu sammeln. Der Fischreichtum ist enorm und die Vielfalt der Fische, die erbeutet werden können, kaum zu überblicken. Klar – der absolute Traumfang ist und bleibt der Marlin. Aber glaubt mir, Sailfish, Goldmakrele (Dolphin genannt), Königsmakrele, Barrakuda, Gelbflossenthunfisch und Co. bieten dem Einsteiger

exzellenten Sport und lassen jede Ausfahrt zu einem echten Abenteuer werden.

Während unserer Dreharbeiten für „Fish 'n Fun" konnten wir während insgesamt vier Ausfahrten mit zwei Booten fast die gesamte Palette der „Game"-Fische erbeuten. Sowohl Marlin als auch Sailfish, Thunfisch, Barrakuda und Wahoo – wir haben sie alle gefangen und vor die Kamera gehalten. Eine Leistung, auf die alle Beteiligten mit Recht stolz sein dürfen.

Der Ort Malindi, ca. 100 km südlich von Mombasa, ist das Mekka der „Big Gamer" in Kenia. Dort findet der reisende Angler z.B. bei der Firma

Fischbestand: Marlin, Sailfish, Barrakuda, Dolphin und alles, was der Indische Ozean sonst noch zu bieten hat

Beste Angelzeit: Wenn es bei uns kalt ist, also November/Dezember–Februar/März

🐟 Sailfish: November–Dezember

🐟 Marlin: Januar–Februar

Topköder: Bauchlappen vom Dolphin mit Skirts garniert, Wobbler und Tintenfische

Besonderes: tropisches Klima, paradiesische Strände

Kingfisher Boote und Ausrüstung zu halbwegs moderaten Preisen. Die beste Reisezeit für Kenia ist für uns Nordeuropäer definitiv der Winter. Und mal ganz ehrlich: Dem heimischen Schmuddelwetter im November oder Januar zu entfliehen, um unter tropischer Sonne im tiefblauen Ozean exotische Fische zu angeln, das hat was für sich – oder nicht?

Die Hotels und Ressorts in Malindi sind mit Halbpension relativ preiswert. Ich wohne meist etwas außerhalb der Stadt im „Scorpio Villas", einem von Italienern geführten Ressort mit viel tropischer Vegetation, die einem das Gefühl vermittelt, im Dschungel zu wohnen, direkt am Meer gelegen mit eigenem Strand unter Palmen. Wer das erste Mal eine solche Reise unternimmt, dem empfehle ich maximal drei Ausfahrten pro Woche, alles darüber hinaus wird schnell zur Strapaze. Schließlich angelt man in Äquatornähe und wer schon einmal bei 35–40 °C Hitze unter der gnadenlosen Sonne Kenias acht Stunden auf einem Boot große Fische bis zur totalen Erschöpfung gedrillt hat, der weiß, wovon ich rede.

Die Stadt Malindi selbst ist typisch afrikanisch. Hier begegnet man auf Schritt und Tritt bitterster Armut, unmittelbar gefolgt von unvorstell

barem Luxus – eben typisch Afrika. Die Kenia-
ner haben gelernt, mit diesen Verhältnissen
umzugehen, und machen aus allem und jedem
ein Geschäft, um so ihr Überleben zu sichern.
Wer leicht seekrank wird oder die Ausgaben für
ein „Big-Game-Boot" scheut, dem bietet sich die
Möglichkeit, auch vom Strand aus zu angeln.
Brandungsruten – wie bei uns zu Hause an der
Ostsee –, bestückt mit Fetzen von Tintenfisch
oder Garnelen, fangen in der sandigen Bucht von
Malindi etwas abseits der Stadt vor allem in der
Dämmerung und bei Nacht so manchen schönen
Fisch. Darüber hinaus bietet auch der Boots-
verleih Kingfisher die ufernahe Fischerei kurz
hinter den Küstenriffen an. Die „Malachite", ein
kleines, stabiles Boot mit zwei Außenbordern
und einer erfahrenen Crew, hat sich auf diese

Art der Angelei spezialisiert. Schlägt dann die
Seekrankheit zu, ist man binnen weniger Minuten in ruhigem Wasser und kann dort ohne
Schaukeln durchatmen, bis die Übelkeit abge-
klungen ist. Lasst eure Träume wahr werden,
wie und wo auch immer – es lohnt sich allemal.

Gebratene Kirschstrudeltranchen

 Zubereitungszeit: 20 Minuten

200 g **Kirschen**
3 EL **Zucker**
2 cl **Kirschwasser**
2 EL **Akazienhonig**

4 EL **Biskuitbrösel**
8 **Frühlingsrollenteigblätter**
100 ml **Sonnenblumenöl**

1 Die Kirschen waschen und entsteinen. Den Zucker in einer beschichteten Pfanne langsam zu einem hellen Karamell auflösen. Die Kirschen zugeben und mit dem Kirschwasser ablöschen (Vorsicht, kann spritzen!). Jetzt den Honig zugeben und das Ganze drei bis vier Minuten köcheln, bis der durchs Ablöschen hart gewordene Karamell wieder geschmolzen ist. Pfanne zur Seite stellen und die Kirschen abkühlen lassen.

2 Die Biskuitbrösel unter die Kirschen mischen und kurz ziehen lassen. Jeweils ein Viertel der Masse auf zwei übereinander gelegte Frühlingsrollenteigblätter geben und vorsichtig aber unter leichter Spannung einrollen. Die Kirschrollen von allen Seiten in der Bratpfanne bei kleiner Hitze in Sonnenblumenöl goldbraun braten, anschließend auf etwas Küchenpapier abtropfen lassen.

3 Zum Servieren die Enden der Rollen mit einem scharfen Sägemesser begradigen, dann die Rollen schräg aufschneiden und hochkant auf Teller stellen.

Tipps: *Kirschen entsteinen geht am leichtesten mit einem speziellen Kirschen-Entsteiner. Wer so einen nicht zur Hand hat, kann es mithilfe einer Sicherheitsnadel versuchen: Am Stängelansatz mit dem runden Ende der geschlossenen Nadel einstechen, unter dem Stein durchfahren und diesen herausziehen. Oder man schneidet das Fruchtfleisch mit einem kleinen Messer bis zum Kern durch und pult diesen raus – dann sind die Kirschen allerdings geöffnet und nicht mehr so schön anzusehen. Zu diesem Dessert passt am besten Vanilleeis (wer das Dessert draußen zubereitet, lässt sich das Eis einfach von einem eingeladenen Gast mitbringen). Auch Vanillesauce oder -creme passt gut zu Kirschen.*

Schokoladen-Chili-Spätzle mit kleinem Obstsalat

 Zubereitungszeit: 35–40 Minuten (je nach „Spätzlefitness")

500 g **Mehl**
6 **Eier**
200 ml **Milch**
1 Msp. **Zimt**
100 g **Zartbitterschokolade**
1 kleine rote, **Thai-Chili**
1 EL **Butter zum Schwenken**

2 l **Wasser**
1 **Vanillestange**
200 g **Zucker**

100 g **Birnen**
100 g **Zwetschgen, entsteint**
100 g **Zucker**
1 TL **Galgant, gerieben; alternativ
frischer Ingwer**
2 EL **Akazienhonig**
1 TL **Weinraute, gehackt; alternativ
Minze oder Melisse**
100 ml **Wasser**
8 **Erdbeeren**
100 g **Orangenfilets (siehe Tipp)**
1 kleine Schale **Heidelbeeren (50 g)**

Zum Garnieren:
1–2 EL **Schokolade, gehobelt**

1 Für die Spätzle das Mehl mit Eiern, Milch und Zimt in einer Schüssel verrühren. Die Schokolade hacken oder reiben und in etwas heißer Milch auflösen, danach abkühlen lassen, die Chilischote längs aufschneiden, entkernen und fein hacken. Aufgelöste Schokolade und Chili in die Schüssel geben und alle Zutaten zu einer glatten Masse verrühren.

2 Das Wasser mit der längs aufgeschnittenen Vanillestange und Zucker aufkochen. Aus der vorbereiteten Teigmasse die Schokoladenspätzle hineinschaben oder den Teig durch eine Spätzlepresse hineindrücken. Spätzle sieden, bis sie an der Oberfläche schwimmen, dann mit einem Schaumlöffel herausnehmen und abtropfen lassen.

3 Birnen und Zwetschgen in Spalten schneiden. Den Zucker in einem Topf karamellisieren. Birnen- und Zwetschgenspalten sowie den geriebenen Galgant zugeben und mischen (Vorsicht, der Karamell kann spritzen), dann den Honig und die gehackte Weinraute unterrühren, mit Wasser vorsichtig ablöschen, kurz einkochen lassen und kalt stellen. Erdbeeren klein schneiden, mit den Orangenfilets und den Heidelbeeren kurz vor dem Servieren in den erkalteten Obstsalat geben.

4 Vor dem Servieren die Spätzle in etwas Butter schwenken, mit den Schokospänen bestreuen und nochmals kurz schwenken. Auf Teller anrichten und den Obstsalat daneben geben.

Tipp: *Orangen zu filetieren ist gar nicht so schwer! Das Allerwichtigste ist dabei ein gut geschärftes Messer mittlerer Größe mit einer nicht zu festen Klinge. Von der Orange oben und unten jeweils ein Stück entfernen, damit sie schön stabil auf der Unterlage steht. Dann mit dem Messer in einem leichten Bogen der Orangenform folgend die Schale Stück für Stück entfernen und darauf achten, das Weiße ebenfalls zu entfernen. Jedes Filet ist durch eine dünne Haut links und rechts vom nächsten getrennt. Die geschälte Orange in die Hand nehmen und leicht schräg direkt an den Häutchen angesetzt die Filets sauber herauslösen.*

Spargel mit Erdbeeren und Pfefferminze in Karamellsauce

Zubereitungszeit: 45 Minuten

200 g Zucker
¼ l Weißwein
100 ml Wasser
1 Sternanis
½ Vanillestange
½ Bio-Zitrone, unbehandelt
500 g Thai-Spargel (dünner grüner Spargel), Enden etwas gekürzt

500 g Erdbeeren
4 Pfefferminzzweige

1 Den Zucker in einem Topf unter ständigem Rühren mittelbraun karamellisieren. Vorsicht, den Topf rechtzeitig von der Flamme nehmen, da der Zucker sehr schnell verbrennt. Mit Weißwein und Wasser ablöschen (nochmals Vorsicht, das kann spritzen, Verbrennungsgefahr!). Topf wieder auf die Flamme stellen, dann den Sternanis, das ausgekratzte Mark der Vanillestange mitsamt der Hülse sowie den Abrieb einer halben Zitrone zugeben und zum Kochen bringen. Die Flüssigkeit bis zu einer honigartigen Konsistenz reduzieren, den Spargel dazu geben, einmal aufwallen lassen, anschließend abkühlen lassen.

2 Die geviertelten Erdbeeren zum abgekühlten Spargel geben, vorsichtig vermengen und zum Schluss die Pfefferminzblättchen fein hacken und untermischen.

3 Den Karamell-Spargel mit Erdbeeren und Pfefferminze in der Mitte der Teller anrichten und mit der restlichen, im Topf verbliebenen Sauce überträufeln.

Tipp: Zuhause zubereitet kann dazu noch eine Kugel Eis serviert und das Spargel-Erdbeer-Dessert in einer Schokohülle angerichtet werden.

DANKSAGUNG

STEFFEN SONNENWALD *Herzlichen Dank für die tolle Unterstützung an Christian Romanowski und Dieter Bartsch von Kochmesser.de, der Familie Andrä mit dem kleinsten aber feinsten Fischladen am Starnberger See „Kramerfeicht", an Marco Raase und Melanie Hügel vom Frischeparadies, an Sven Olaf Buschmann von meiner Lieblingsporzellanfirma Rosenthal und an Rudolf Diebel für den kapitalen Hecht. Und ich danke natürlich meinem liebenswerten „Preißenschädel" Auwa, ohne dessen Kommentare und Nickeligkeiten die Zusammenarbeit nur halb so lustig geworden wäre – und an dessen ausführliche Danksagung ich mich nur anschließen kann. Zum guten Schluss bedanke ich mich bei meinen Freunden, die mir seit vielen Jahren immer wieder neue Inspiration geben und für mich da sind: Iris, Erwin, Tom und Michael – Gracias!*

AUWA THIEMANN *Während der vergangenen Jahre ist aus den Menschen, die „Fish 'n Fun" realisiert und produziert haben, eine Gemeinschaft entstanden, die für meine Begriffe weit über das hinausgeht, was üblicherweise als kollegial bezeichnet wird. Nicht zuletzt aus diesem Zusammenhalt heraus ist dieses Buch entstanden. Mein Dank gilt allen, die mit viel Begeisterung und Herzblut für den Erfolg von „Fish 'n Fun" gearbeitet haben. Mein besonderer Dank gilt Marc Rasmus, der als ehemaliger Programmchef von DMAX den Mut hatte, uns samstagabends einen Sendeplatz zu geben. Dank auch an Florian Grüning, der als verantwortlicher Redakteur so manche Extrazeit mit unseren „Fish 'n Fun"-Folgen verbracht hat, und an Theo Balz, unseren damaligen Produzenten, der als echtes Nordlicht ohnehin ein Herz für Angler hat und für ein erstklassiges Team am Set gesorgt hat. Ebenfalls ein großes Dankeschön unserer Regisseurin Mirella Pappalardo und dem Regisseur Reiner Haupt, die es beide mit Anglern auf und am Wasser nicht immer ganz leicht hatten, sowie an den TV-Manager Arthur Baning, der die Courage hatte, Angeln im deutschen Fernsehen zu etablieren. Mein ganz besonderer Dank gilt meiner Frau Claudia, die nie müde wird, an dem filigranen, zerbrechlichen Gebilde zu arbeiten, das man üblicherweise Ehe nennt. Darüber hinaus erzieht sie unsere Tochter Marie Elisabeth, schafft ein gemütliches Heim und organisiert bzw. verwaltet mein berufliches Leben – fast zu viele Aufgaben für einen einzelnen Menschen; ich habe Glück! Bedanken möchte ich mich auch bei Dr. Henning Stilke von der Blinker-Redaktion, der immer ein offenes Ohr für meine Wünsche hat und hilft, wo er kann. Und dir Steffen, „mein kleines Lockenköpfchen", einen besonderen Dank, denn ohne dich und deine tollen Rezepte wären Sendung und Buch ziemlich dünn.*

STEFFEN SONNENWALD + AUWA THIEMANN *Allen, die an unserer Sendung mitgewirkt haben, sprechen wir ein ganz großes Lob aus: Es macht einen Riesenspaß mit Euch!*

STEFFEN SONNENWALD ist Gründungsmitglied und ehemaliger Vorstand der *Jungen Wilden,* die 1997 für eine Revolution in der deutschen Gastronomie sorgten: Viele Kreationen der Truppe, für damalige Verhältnisse kulinarische Ausreißer, sind heute auf den Speisekarten wieder zu finden. Neue Impulse für die deutsche Esskultur zu geben, Köche darin zu bestärken, mutiger zu sein und Querdenkern eine Chance zu geben, waren die erklärten Ziele der *Jungen Wilden.*

Steffen Sonnenwald gehört zu jenen Querdenkern, die für den Beruf „brennen". Die nach seiner Ausbildung in München gesammelten Erfahrungen, seine Leidenschaft für die Küche und sein tiefer Respekt gegenüber den Produkten, die er verarbeitet, haben ihn immer weiter gebracht: 1989 trat er seine erste Küchenchefstelle an. Er entwickelte seinen eigenen Stil und erkannte sein Faible für Fisch sowie für Vorspeisen und Desserts. Bis 1999 war er Küchenchef in bekannten edlen und internationalen Häusern. Danach machte sich Steffen Sonnenwald mit „Art Cuisine" selbstständig. Er führt die Firma getreu dem Leitsatz aus der Jungen Wilden-Zeit „Kein Applaus für Scheiße." Es mag derb klingen, trifft die Sache für ihn jedoch genau. Ob Küche, Foodstyling, Beratung, Showkochen, Fernsehen oder Bücher – alles bloß kein Mainstream. Auch nicht in seiner Freizeit, denn Musik macht Sonnenwald nebenbei auch. Rock, Blues und Jazz sind sein Motor, Bass und Gitarre seine Instrumente. „Ohne Feeling geht gar nichts." – das gilt für ihn in der Musik, beim Kochen und im Leben.

Mehr Informationen über Steffen Sonnenwald unter **www.art-cuisine.de**

AUWA THIEMANN stibitzte bereits im Alter von fünf Jahren Nylon, Bleischnur und Stecknadeln aus Mutters Prachtgardine, um im Kurpark unerlaubterweise Karpfen zu fischen. Bis zum 14. Lebensjahr wurde er zweimal beim Schwarzangeln erwischt und samt Papa zum Erwerb eines Fischereischeins verdonnert. Danach war Auwa Thiemann nicht mehr zu bremsen und keine Pfütze in Westfalen vor seinem Haken sicher.

Mit 16 Jahren ließ das Angelfieber stark nach, es folgte ein ausgiebiges Studium der Weiblichkeit nebst deren „Mysterien", wie er sagt. Mit Mitte 20 – in Berufsleben und Beziehung – kam die Rückbesinnung aufs Angeln. Anschließend arbeitete sich Auwa Thiemann durch die ganze Palette der Angelei: Vom Stippen über das Grundangeln, das Angeln auf Karpfen, Barsch, Hecht und Zander und nicht zuletzt auf Aal – weil dieser geräuchert extrem lecker schmeckt.

1990 verschlägt es ihn an die Ostseeküste und er entdeckt das Meeresangeln: Vom Dorsch über Flattfisch bis zum Hornhecht und natürlich der Meerforelle – kein Schuppenträger ist vor ihm sicher. 1993 erfüllt er sich zum ersten Mal den Traum, auf die ganz Großen der Meere zu fischen. Seine Reisen führen ihn unter anderem nach Florida, Kenia und auf die Bahamas. Zur Jahrtausendwende entdeckt Auwa Thiemann das Fliegenfischen für sich. Seitdem ist er ambitionierter Fliegenfischer, behauptet jedoch von sich, längst noch kein Meister darin zu sein. Aber um „mit selbst gebundenen Fliegen auch in Alpenflüssen erfolgreich" zu angeln, dafür reiche es allemal.

Mehr Informationen über Auwa Thiemann unter **www.angeln-mit-auwa.de**

IMPRESSUM

ISBN 978-3-7750-0574-6

2 3 4 | 2012 2011

© 2009 WALTER HÄDECKE VERLAG, WEIL DER STADT · WWW.HAEDECKE-VERLAG.DE

Redaktion: **Christine Messer-Hausch, Ascona**
Lektorat: **Monika Graff**
Foodfotos (bis auf Seite 106/107), Schritt-für-Schritt-Aufnahmen
und soweit nicht anders vermerkt: **Roberto Rosyk, Geretsried**
Foodstyling und Küche: **Steffen Sonnenwald, Eresing**

Fotos auf den Seiten 4, 47 unten links und Mitte, 106/107, 110 Mitte und unten, 111 Mitte und unten sowie Umschlagrückseite unten (Mirella Pappalardo); 14–15, 23, 24–25, 39 oben, 70, 72–73, 88–89, 108, 110 oben, 111 oben, 122–123, 140–143, 154–157, 165 und Umschlagrückseite oben (Auwa Thiemann); 26 unten links, 50–51, 109 (Steffen Sonnenwald); 22 (bootsurlaub.de, Müritz); 38, 39 unten, 40–41 (Oliver Franke, ide stampe gmbh/ Tourist-Information Nord-Ostsee-Kanal, Rendsburg); 71 (Jacom Stephens/istockphoto); Notizzettel auf diversen Seiten (Sharon Day/istockphoto); Gräserillustrationen (Makh-nach_M und Diane Labombarbe/istockphoto), Wellenillustration (Stilyan Savov/istockphoto); Illustrationen auf Seite 6 (Keith Bishop, Olena Dyachenko und mecaleha/istockphoto); Illustration „Wecker" Zubereitungszeit (Pavels Sabelnikovs/istockphoto)
Die Grafiken auf den Seiten 8/9 wurden uns mit freundlicher Genehmigung von der Redaktion BLINKER (Jahr Top Special Verlag), Hamburg zur Verfügung gestellt.

Gestaltung und Satz: **Julia Graff, Design & Produktion, Stuttgart**
Reproduktion: **LUP AG, Köln**
Druck: **Offizin Andersen Nexö Leipzig GmbH, Zwenkau**

Gesetzt aus der VistaSlab/Emigre und Rockwell/Adobe. ➤ Verziert mit der LiebeFish/LiebeFonts, SketchBlock/artill typs und Roller World/Breaking the Norm.

ABKÜRZUNGEN UND MASSEINHEITEN

kg – Kilogramm	**g – Gramm**	**P. – Päckchen/Packung**
ml – Milliliter = 0,001 Liter	**cl – Zentiliter = 0,01 l**	**l – Liter**
Msp. – Messerspitze	**EL – Esslöffel**	**TL – Teelöffel**

Die Rezepte sind, soweit nicht anders angegeben, für 4 Portionen berechnet.

BÜCHER FÜR GENIESSER

Wild auf Wild

von Lukas Rosenblatt und Judith Meyer, 96 Seiten mit 40 Farbfotos, ISBN 978-3-7750-0519-7.

Für alle, die Wild lieben und es richtig zubereiten möchten, ist dieses Buch ideal. Verführerische Gerichte von Reh bis Wildschein, von Fasan bis Wildente mit typisch herbstlichen Beilagen. Mit Warenkunde und Grundrezepten.

Im 7. Curryhimmel

von Bettina Matthaei, Fotos: Michael Boyny, 152 Seiten mit 76 Farbfotos, ISBN 978-3-7750-0569-2.

Die Mischung macht's: Eine ganz neue Curry-Küche verführt mit einer Fülle von Farben, Düften und Aromen. Von fein-süßlich über kräftig-würzig bis brennend-scharf geben die selbstgemachten Mischungen selbst alltäglichen Gerichten eine ganz besondere Note.

Tequila – Kultur & Genuss

von Werner Obalski und Jürgen Deibel, 96 Seiten, 74 Farbfotos, ISBN 978-3-7750-0537-1.

Das mexikanische Göttergeschenk ist mehr als nur eine Trendspirituose. Hier zeigen Getränkekunde und Rezepte, Geschichte und Herstellung, Adressen und Reisetipps aus dem Land des Tequilas, was in dem klaren Getränk alles steckt.

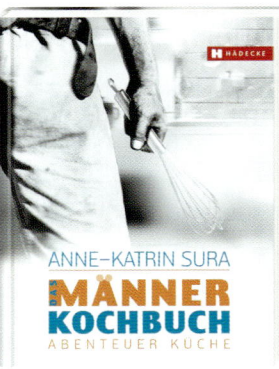

Männerkochbuch – Abenteuer Küche

von Anne-Katrin Sura, Fotos von Chris Meier, 116 Seiten, 12 Farb- und 33 Duplexfotos, ISBN 978-3-7750-0513-5.

Hier lockt eines der letzten großen Abenteuer: die Küche. In acht Kapiteln werden für jede Altersklasse sechs internationale Rezepte vorgestellt, die immer gut ankommen und auch für Kochanfänger leicht nachzuvollziehen sind. Also ran an den Herd!

Weitere Informationen über Genussbücher bei:

Walter Hädecke Verlag | Postfach 1203 | 71256 Weil der Stadt | Deutschland

Telefon +49(0) 70 33 / 13 80 80 | Fax +49(0) 70 33 / 138 08 13

E-Mail info@haedecke-verlag.de | www.haedecke-verlag.de